신문이 보이고 뉴스가 들리는 38

재미있는
음식과 영양 이야기

신문이 보이고 뉴스가 들리는 ㊳
재미있는 음식과 영양 이야기

초판 1쇄 발행 | 2014년 4월 18일
초판 9쇄 발행 | 2023년 11월 27일

지   은   이 | 현수랑
그   린   이 | 박재현
감   수 | 김초일

펴 낸 곳 | (주)가나문화콘텐츠
펴 낸 이 | 김남전
편 집 장 | 유다형
편   집 | 김아영
외 주 편 집 | 임지영
디 자 인 | 양란희
마 케 팅 | 정상원 한웅 정용민 김건우
관   리 | 임종열 김다운

출 판 등 록 | 2002년 2월 15일 제10-2308호
주   소 | 경기도 고양시 덕양구 호원길 3-2
전   화 | 02-717-5494(편집부) 02-332-7755(관리부)
팩   스 | 02-324-9944
홈 페 이 지 | ganapub.com
이 메 일 | ganapub@naver.com
ISBN 978-89-5736-666-0 (74590)

*책값은 뒤표지에 표시되어 있습니다.
*이 책의 내용을 재사용하려면 반드시 저작권자와 (주)가나문화콘텐츠 양측의 동의를 얻어야 합니다.
*잘못된 책은 구입하신 서점에서 바꾸어 드립니다.

*'가나출판사'는 (주)가나문화콘텐츠의 출판 브랜드입니다.

• 제조자명 : (주)가나문화콘텐츠
• 주소 및 전화번호 : 경기도 고양시 덕양구 호원길 3-2 / 02-717-5494
• 제조연월 : 2023년 11월 27일
• 제조국명 : 대한민국
• 사용연령 : 4세 이상 어린이 제품

신문이 보이고 38
뉴스가 들리는
재미있는
음식과 영양 이야기

글 현수랑 | 그림 박재현
감수 김초일 (한국보건산업진흥원 항노화사업단장)

가나출판사

| 머 리 말 |

알고 먹으면 더 맛있고 건강해지는
음식 이야기를 들려줄게요!

　달콤한 초콜릿, 바삭바삭한 과자, 상큼한 과일, 부드러운 아이스크림, 맛있는 햄버거와 피자, 후루룩후루룩 라면, 엄마가 해 주신 따끈따끈한 밥……. 지금 당장 무엇이든 먹을 수 있다면 어떤 음식을 먹고 싶나요?

　아침, 점심, 저녁 하루에 세 번 그리고 간식까지, 음식을 먹는 것은 우리의 삶을 하루만 놓고 보더라도 아주 많은 부분을 차지하고 있어요. 음식은 우리 몸을 만드는 성분이기도 하고, 우리 몸을 움직이는 에너지원이기도 하지요. 맛있는 음식을 먹을 때와 음식을 먹고 난 후의 배부름 또한 빼놓을 수 없는 즐거움이랍니다.

　그런데 어린이 친구들은 음식을 선택할 때 어떤 것을 중요하게 생각하고 있나요? 아마 '맛'을 가장 중요하게 생각할 거예요. 맞아요. 음식의 맛은 무척 중요해요. 음식 속에 우리 몸에 필요한 영양소가 들어 있다는 것을 알려 주는 중요한 정보거든요. 하지만 맛 말고도 음식을 고를 때 한 번쯤 생각해 봐야 하는 것이 아주 많이 있다는 걸 알고 있나요? 어떤 음식을 얼마나 어떻게 먹을지 말이에요.

    이 책을 통해 어린이 친구들이 음식을 고를 때 맛뿐만 아니라 더 많은 것을 생각할 수 있는 힘을 기를 수 있으면 좋겠어요. 음식 속에 영양은 골고루 들어 있는지, 건강한 몸을 위해서는 무엇을 얼마나 어떻게 먹어야 하는지는 물론, 좋은 모양과 맛으로 본모습을 감추고 있는 불량 식품을 가려낼 줄 아는 힘 말이에요. 그러기 위해 우리가 왜 음식을 먹어야 하는지부터 음식 속 영양소가 몸속에서 무슨 일을 하는지, 몸을 건강하게 해 주는 좋은 음식과 몸을 병들게 하는 나쁜 음식을 골라낼 수 있는 정보까지 모두모두 꼼꼼하게 알려 줄게요.

    내 몸의 건강은 내가 무엇을 먹는지에 따라 아주 많은 영향을 받는답니다. 맛있으면서도 건강하고 안전한 음식을 고르는 비법, 지금 친구들에게만 살짝 공개합니다!

어린이 친구들이 건강하게 자라나길 바라며
현수랑

| 추 천 의 글 |

나도 이젠 영양학 박사!

어린이 여러분도 부모님처럼 매일 신문을 읽거나 텔레비전 뉴스를 듣나요? 요새는 유난히 음식과 질병에 관한 기사가 많지요? 그건 바로 건강에 대한 관심이 많아졌다는 증거예요. 텔레비전 프로그램에서 음식에 대해 이야기할 때 영양학 박사님들을 인터뷰해서 설명하는 것을 본 적이 있나요? 우리 모두가 하루 세끼 음식을 먹고 살기 때문에 누구나 먹는 것에 대해서는 일가견이 있다고 생각하지만, 그래도 음식과 건강에 대한 전문적인 설명과 의견은 영양학 박사님께 듣는 것이 확실하기 때문이지요.

이제 이 책을 읽고 나면 어린이 여러분은 각자의 건강을 위해 식생활을 스스로 관리할 수 있는 '나만의 영양학 박사'가 될 수 있답니다. 더 나아가 여러분 가족의 식생활까지도 챙길 수 있는 '우리 집 영양학 박사'도 가능할 것 같아요.

고픈 배를 채우기 위한 목적으로 음식을 먹었던 예전과는 달리, 이제는 건강과 성장을 위해 음식을 가려 먹을 수 있는 환경이 되었어요. '네가 먹는 것이 곧 너를 만든다.'

　라는 유명한 말처럼, 매일 먹는 음식이 나를 만들어 건강한 어른이 되게 하고 또 그 이후에도 여러 가지 만성 질병에 걸릴 확률을 좌우한답니다. 어린이 여러분 모두 어른이 되어 하고 싶고, 또 되고 싶은 것을 실현하려면 우선 무엇보다도 건강해야 한답니다. 몸이 아프면 원하는 것을 할 수도 없고 의욕도 잃게 되니까요.

　《신문이 보이고 뉴스가 들리는 재미있는 음식과 영양 이야기》는 여러분이 습관처럼 무심코 먹고 있는 여러 가지 식품과 음식이 어떻게 여러분의 건강을 유지하고 또 키도 쑥쑥 자라게 할 수 있는지 A부터 Z까지 차근차근히, 지루하지 않게 이야기해 줍니다.

　이제 이 책을 읽고 나면 어린이 여러분은 '현재의 나'뿐만 아니라 '미래의 나'를 만들어 여러분의 꿈을 이룰 수 있게 도와줄, 매일 먹는 음식에 대해 더 관심을 갖게 되고 또 친해질 수 있을 거예요. 그건 곧 여러분이 더 건강해질 수 있다는 이야기도 되고요. 모든 일이 '다 나 하기 나름'이라는 것 잊지 마세요!

한국보건산업진흥원 항노화사업단장
김초일

| 차 례 |

머리말 · 4
추천의 글 · 6

1장 음식, 왜 먹어야 할까요? · 12

음식, 꼭 먹어야 하나요? · 14
음식이 맛이 있는 이유는 뭐예요? · 16
입부터 항문까지, 소화 기관 · 18
소화와 흡수를 돕는 소화 효소 · 20
변신하며 돌고 도는 영양소 · 22

냠냠쩝쩝 음식 이야기 **인간을 인간으로 만든 건 음식?** · 24

2장 꼭꼭 씹어 읽는 영양소 · 26

탄수화물① 탄수화물, 왜 먹어야 할까요? · 28
탄수화물② 소화 안 되는 영양소, 식이 섬유소 · 30
단백질① 단백질은 몸속에서 무슨 일을 할까요? · 32
단백질② 동물성 단백질 vs 식물성 단백질 · 34
지방① 두 얼굴의 지방 · 36
지방② 꼭 먹어야 하는 필수 지방산 · 38
비타민① 채소와 과일에 많은 비타민 · 40

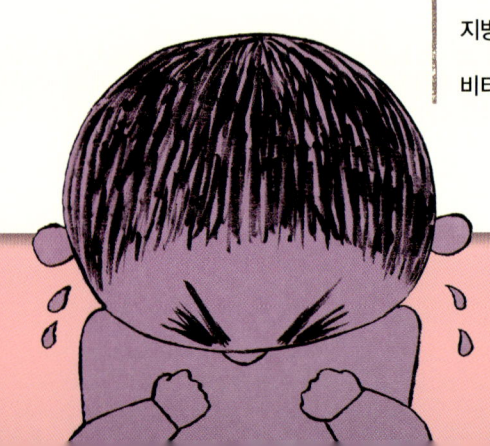

비타민② 비타민 A부터 줄 세워 보아요 · 42
무기질① 튼튼한 몸을 위해, 무기질 · 44
무기질② 무기질의 모든 것 한눈에 보기 · 46
물 우리 몸의 70퍼센트는 물 · 48
냠냠쩝쩝 음식 이야기 **영양소가 독이 된다고요?** · 50

3장 음식, 얼마나 먹어야 할까요? · 52

음식 속 에너지, 열량 · 54
난 얼마나 먹어야 할까요? · 56
난 무엇을 먹어야 할까요? · 58
함께 지켜요! 어린이 식생활 지침 · 62
나는 뚱뚱할까요, 홀쭉할까요? · 64
속닥속닥, 비만 고민 해결 비법 · 66
문제 있는 편식, 문제없는 편식 · 68
잘 못 먹는 병이 있다고요? · 70
냠냠쩝쩝 음식 이야기 **식생활 습관 점검해 보기** · 72

4장 알고 먹어요, 음식 · 74

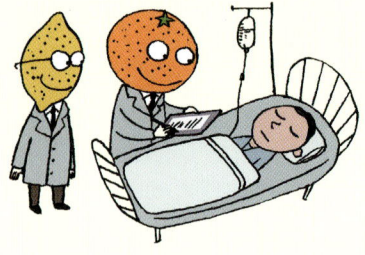

지글지글 보글보글, 요리는 왜 할까요? · 76
탄 고기에 발암 물질이 있어요? · 78
부패 vs 발효 · 80
우리나라 대표 발효 식품, 김치 · 82
배가 아파요, 식중독 · 84
가공식품이 뭘까요? · 86
헷갈려요, 유기농과 무농약과 저농약 · 88
고기는 NO! 채식주의 · 90
보기에도 좋고 몸에도 좋은 컬러 푸드 · 92
딱 맞는 때를 맞은 제철 음식 · 94
지역을 살리는 로컬 푸드 · 96
먹기 전에 손은 씻었나요? · 98
치카치카 양치질, 알고 하나요? · 100
즐거운 식사를 위해 예절을 지켜 주세요 · 102
아플 때 먹으면 낫는 음식이 있어요? · 104
음식을 맡기고 사랑을 나누는 푸드 뱅크 · 106

냠냠쩝쩝 음식 이야기 **과학으로 만든 음식, 분자 요리와 실험실 고기** · 108

5장 | 골라 먹어요, 음식 · 110

너무 많아요, 나트륨 · 112
나쁜 지방, 트랜스 지방의 비밀 · 114
나도 모르게 먹고 싶어요, 설탕 중독 · 116
칼로리 0 음식의 비밀 · 118
식품에 뭘 넣는다고요? 식품 첨가물이요? · 120
알록달록 예쁜 식품 조심! · 124
읽으면 보여요, 영양 성분 표시 · 126
쓰레기 음식? 고열량·저영양 식품 · 128
빨라서 좋아요? 느려서 좋아요! 패스트푸드와 슬로푸드 · 130
꼬불꼬불 라면 이야기 · 132
탄산음료의 톡 쏘는 진실 · 134
어린이를 해치는 어린이 음료? · 136
흰 우유 vs 색 우유 · 138
간식 고르는 비법! · 140
간질간질, 음식 알레르기 · 142
GMO가 뭐예요? · 144
음식을 담는 그릇도 중요해요! · 146

냠냠쩝쩝 음식 이야기 세계 10대 불량 식품과 건강 식품 · 148

사진 출처 · 150
찾아보기 · 151

1장 음식, 왜 먹어야 할까요?

우리는 음식을 먹지 않으면 살 수 없어요.

음식 속의 영양소가 심장을 뛰게 하고 숨을 쉴 수 있게 해요.

우리 몸을 이루는 세포 하나하나는 음식으로 얻은 영양소를 에너지원으로 사용하지요.

배 속으로 들어온 음식은 소화 기관을 거쳐 소화가 되어 우리 몸에 흡수되고

세포의 에너지원이 된답니다. 1장에서는 음식을 먹어야 하는 이유부터

음식 속 영양소의 흡수와 이용까지 자세하게 알아볼게요.

음식, 꼭 먹어야 하나요?

어쩔 수 없이 끼니를 걸러야 한다면 어떨까요? 아니면 하루 동안 아무 음식도 먹지 못한다면 어떨까요? 배고픔에 엄청나게 괴로울 거예요. 사람은 아무것도 먹지 않으면 15일 정도밖에 살 수 없어요. 음식을 먹지 않으면 살 수 없는 이유는 우리가 살기 위해서는 음식 속에 든 '영양소'가 반드시 필요하기 때문이에요.

몸은 계속 움직이고 변하고 있어요. 가만히 있어도 심장은 쉼 없이 뛰고, 아무 생각을 하지 않아도 뇌는 끊임없이 움직이지요. 이뿐만이 아니에요. 몸을 이루는 약 60조 개의 세포는 계속해서 활동하며 늘 새롭게 바뀌어요. 오래된 세포는 없어지고 새로운 세포가 계속 생겨나지요. 우리 몸이 이 모든 활동을 하는 데 필요한 물질이 바로 영양소예요.

영양소는 크게 탄수화물, 단백질, 지방, 비타민, 무기질로 나눌 수 있어요. 밥이나 빵, 과일에는 탄수화물이 많이 들어 있지요. 탄수화물은 세포가 일을 할 때 에너지가 돼요. 고기와 생선, 달걀에 많이 들어 있는 단백질은 세포와 조직을 만드는 영양소로서 피부나 근육, 머리카락을 만들지요. 호두나 땅콩에 많은 지방은 탄수화물처럼 에너지를 주는 영양소예요. 지방은 우리 몸을 조절하는 호르몬을 만들 때도 필요하지요. 또 비타민과 무기질은 부족하면 병에 걸리고 말아요.

우리가 계속 살아가기 위해서는 물론 몸을 건강하게 유지하기 위해서 음식을 꼭 먹어야 한답니다.

음식이 맛이 있는 이유는 뭐예요?

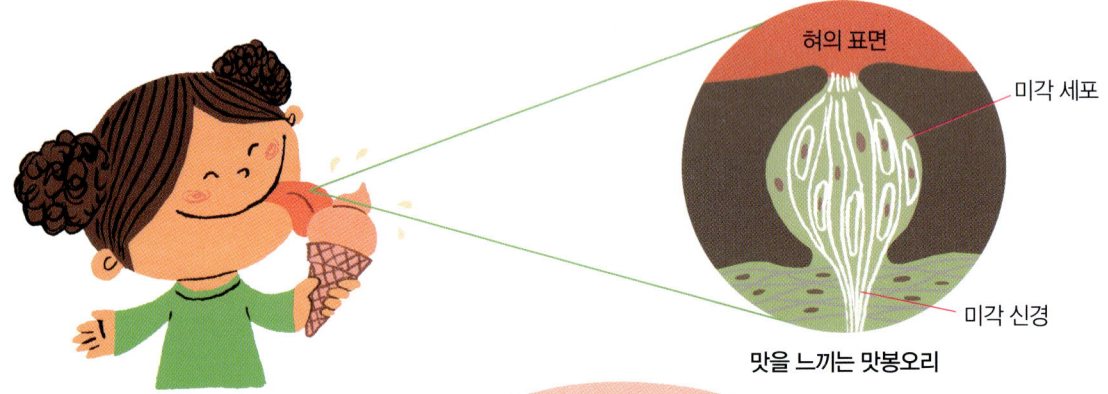

맛을 느끼는 맛봉오리

달콤한 아이스크림을 떠올려 보세요. 맛있는 돈가스도요. 신 레몬이나 쓴 약을 떠올려 보면 어떤가요? 우리는 무언가를 먹을 때 맛을 느껴요. 어떤 것은 맛이 있고 어떤 것은 맛이 없지요.

우리가 음식의 맛을 느끼는 이유는 먹어도 되는 음식인지, 또 음식에 어떤 영양분이 있는지를 알기 위해서예요. 주로 탄수화물이 들어 있는 음식은 단맛이 나요. 강한 쓴맛으로 독성분이 있다는 것을 알려 주는 독버섯도 있지요. 재미있게도 탄수화물이 거의 없는 고기를 주로 먹는 고양이는 단맛을 전혀 느끼지 못한답니다.

맛은 혀의 윗면과 입천장에 있는 '맛봉오리'에서 느껴요. 맛봉오리는 '미뢰'라고도 하는데, 미각 세포들이 꽃봉오리 모양으로 모여 있지요. 사람의 혀에는 보통 1만 개의 맛봉오리가 있고, 단맛, 짠맛,

신맛, 쓴맛, 감칠맛 이렇게 다섯 가지의 맛을 느낄 수 있어요. 우리가 보통 매운맛이라고 하는 것은 맛이 아니라 아픈 느낌이랍니다.

음식의 맛을 느끼는 데에는 냄새도 중요한 역할을 해요. 코를 막고 음식을 먹으면 맛을 제대로 느낄 수 없지요. 또 음식의 모양도 중요한데, 아무리 맛 좋은 음식이라도 곰팡이가 핀 것처럼 보이거나 괴상한 모양을 하고 있다면 전혀 먹고 싶지 않을 거예요. 오늘 저녁을 먹을 때는 맛을 천천히 느끼면서 음식이 어떤 정보를 알려 주는지 한번 맞혀 보세요.

맛봉오리에 미각 세포가 있어서 설탕의 단맛, 소금의 짠맛, 레몬의 신맛, 커피의 쓴맛, 다시마의 감칠맛을 느낄 수 있어요.

궁금해요 음식 이야기
혀의 맛 지도는 틀린 지도?

혹시 '맛 지도'라는 말을 들어 본 적 있나요? 단맛은 혀끝에서, 짠맛은 혀 가운데, 신맛은 혀의 양옆에서, 쓴맛은 혀 뒤쪽에서 느낀다고 생각해서 이것을 그림으로 나타낸 것이에요. 맛 지도는 예전 교과서에 실리기도 했지만 이것은 틀린 것이랍니다. 혀의 어느 부분이든 모든 맛을 느낄 수 있어요. 하나의 맛봉오리 안에는 단맛, 짠맛, 신맛, 쓴맛, 감칠맛을 느끼는 세포가 모두 있거든요. 다만 혀의 각 부분마다 그 수가 약간씩 달라 더 민감하게 느낄 수 있는 맛이 있는 거지요.

입부터 항문까지, 소화 기관

　우리가 먹은 음식은 긴 터널과 같은 소화 기관을 지나 똥이 되어 나와요. 소화 기관이 음식을 소화해야만 음식 속에 든 탄수화물, 단백질, 지방, 비타민, 무기질 등의 영양소를 얻을 수 있지요.

　소화는 우리가 먹은 음식을 잘게 부수고 분해해서 영양분을 흡수하기 쉽게 작은 단위로 바꾸는 과정이에요. 소화 기관은 소화가 일어나는 기관으로, 입에서부터 항문까지 길게 연결되어 있어요.

　우리가 음식을 먹으면, 즉 음식을 입에 넣으면 가장 먼저 이가 씹어서 작게 조각내고 부수지요. 이때 침샘에서 침이 나와 음식물을 걸쭉하고 삼키기 쉽게 만들어요. 침 속의 아밀레이스는 음식물 속의 탄수화물을 분해하는 역할도 해요. 잘게 조각난 음식물은 식도를 따라 위로 들어가서 위에서 나오는 위액을 만나요. 강력한 산성을 띠는 위액은 음식물을 녹이고, 위액 속의 소화 효소 펩신이 단백질을 분해해요. 위액은 음식물과 함께 들어온 병균을 죽이기도 해요. 위를 빠져나온 음식물은 십이지장을 지나요. 십이지장은 작은창자로 연결되는 통로인데, 단백질과 지방의 소화를 돕는 소화액인 쓸개즙과 이자액이 나오지요. 구불구불한 작은창자는 음식물을 흡수할 수 있는 영양소로 작게 분해하고 융털을 통해 혈액으로 흡수해요. 큰창자는 수분만 흡수하지요.

　이 모든 과정을 거쳐 찌꺼기만 남은 음식물은 결국 똥이 되어 항문을 통해 몸 밖으로 나온답니다.

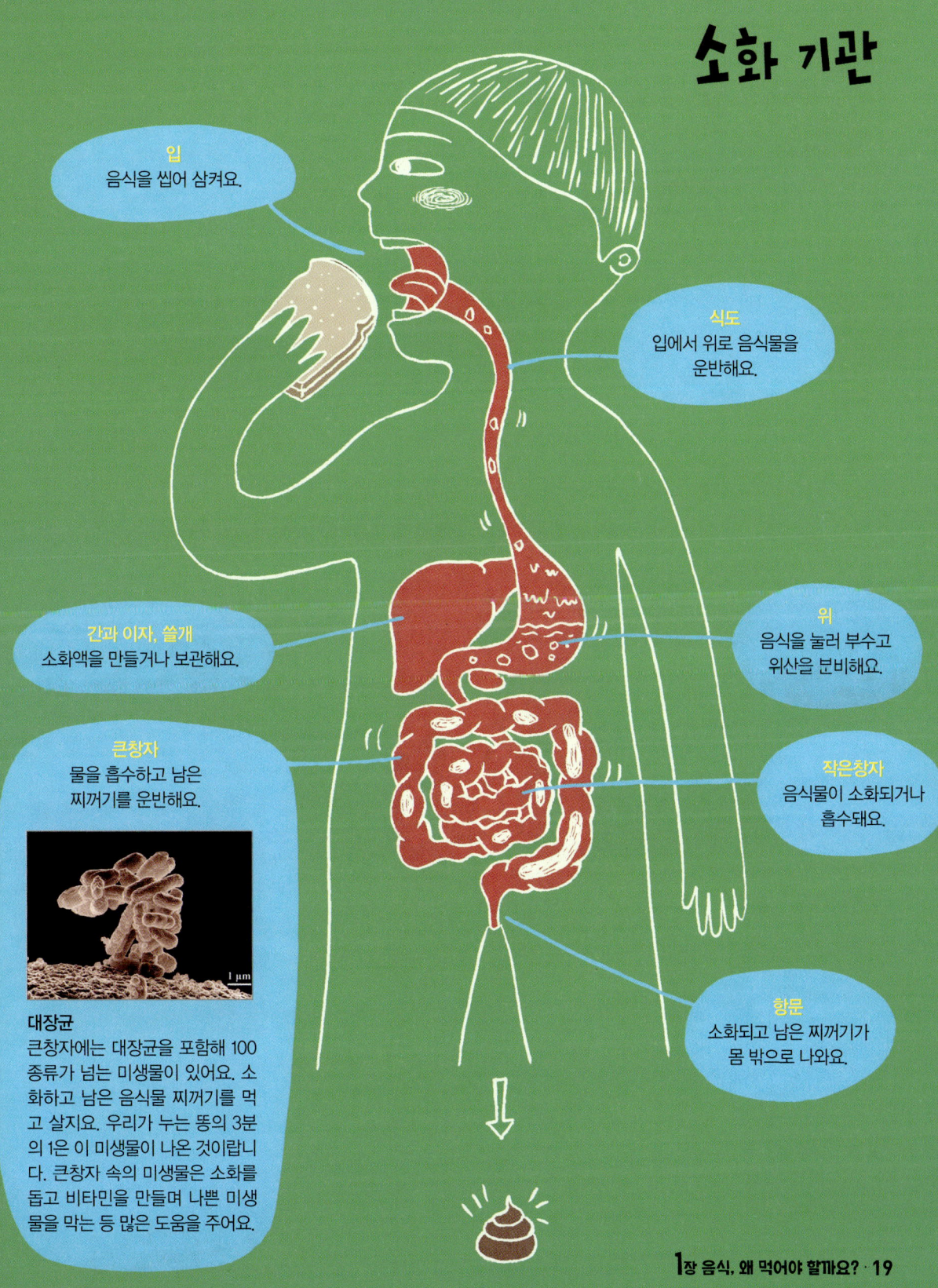

소화와 흡수를 돕는 소화 효소

음식을 소화하는 데 가장 중요한 것은 바로 소화 효소예요. 소화 효소가 없다면 아무리 이로 씹고 위와 장이 음식물을 섞어도 음식은 제대로 소화되지 않지요. 소화 효소는 음식물을 빠르게 분해하는 효소예요.

소화 효소는 단백질로 이루어져 있어서 온도가 너무 높거나 산성도(산성의 정도)가 높거나 낮으면 제대로 작용하지 못해요. 달걀에 열을 가하면 단단하게 변하거나 우유에 산성인 식초를 넣으면 덩어리가 생기는 것처럼 소화 효소 속 단백질이 변하는 것이지요.

소화 효소는 단백질, 탄수화물, 지방을 분해하는 효소로 나눌 수 있어요. 입부터 위와 이자, 간, 작은창자(장샘)에서 나오는 소화액에 소화 효소가 있지요.

▶**소화 효소의 종류**

나오는 곳	소화액	소화 효소	소화 작용
입	침	아밀레이스	녹말→엿당
위	위액	펩신	단백질→펩톤
이자	이자액	트립신 라이페이스 아밀레이스 말테이스	단백질→펩톤 지방→지방산, 글리세롤 녹말→엿당 엿당→포도당
간	쓸개즙	없음	지방의 소화를 돕는다.
장샘	장액	말테이스 펩티데이스 수크레이스 락테이스	엿당→포도당 펩톤→아미노산 설탕→포도당, 과당 젖당→포도당, 갈락토오스

소화 효소에 의해 작게 분해된 영양소는 작은창자에서 흡수돼요. 작은창자는 구불구불 주름이 많고 융털이라는 고운 털로 덮여 있어요. 융털의 표면에는 미세 융모가 있는데, 융모 안에는 모세혈관과 암죽관이라는 두 개의 관이 있어요. 물에 녹는 수용성 영양소는 모세혈관으로 흡수되고, 지방에 녹는 지용성 영양소는 암죽관으로 흡수되어 우리 몸 곳곳으로 보내진답니다.

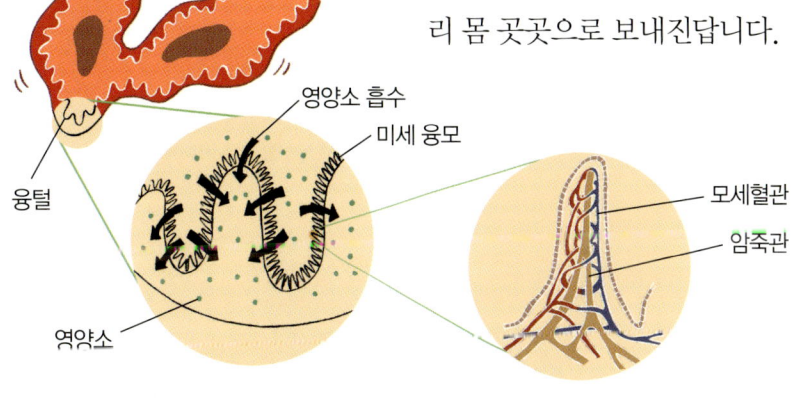

알록달록한 음식을 먹는데, 똥은 왜 똥색일까요?

달팽이는 주황색 당근을 먹으면 주황색 똥을 누고 초록색 상추를 먹으면 초록색 똥을 눠요. 그런데 사람은 왜 알록달록한 음식을 먹어도 똥색 똥을 누는 걸까요?

사람의 똥도 먹는 음식에 따라 색이 조금 변하기는 하지만 대부분 누런색이나 갈색 똥을 눠요. 노란 '쓸개즙' 때문이지요. 소화 과정에서 쓸개즙이 음식과 섞이면서 똥색이 되는 거랍니다.

똥 색깔이 갑자기 변하면 건강에 이상이 있다는 신호일 수도 있어요. 식도나 위, 십이지장에 피가 나면 새카만 똥을, 작은창자나 큰창자에 피가 나면 빨간 똥을, 간에 병이 있으면 회색 똥을 눌 수도 있어요.

변신하며 돌고 도는 영양소

영양소는 우리 몸 곳곳으로 가서 세포의 에너지가 되거나 세포를 이루는 성분이 돼요. 그런데 영양소가 다른 영양소로 변신하기도 한다는 사실, 알고 있나요?

필요에 따라 변신하는 영양소

음식을 너무 많이 먹으면 몸은 영양소를 필요한 만큼만 사용하고 남은 양은 저장해요. 비타민과 무기질은 간에 저장되고, 나머지 포도당과 아미노산은 지방으로 변신해서 피부 아래에 저장되지요. 포도당과 지방은 탄소(C), 수소(H), 산소(O)가 모여 만들어요. 아미노산은 탄소, 수소, 산소에 질소(N)가 더해지지요. 우리 몸은 포도당과 아미노산의 탄소, 수소, 산

아미노산이 풍부한 콩
아미노산은 살코기, 생선류, 콩류, 우유, 유제품 등에 많이 들어 있어요.

소로 지방을 만들 수 있는 거예요.

반대로 음식을 너무 적게 먹어서 영양소가 부족하면 몸에 저장해 두었던 지방을 포도당으로 변신시켜서 에너지로 사용할 수 있어요. 하지만 지방이나 포도당으로 아미노산을 만들 수는 없기 때문에 아미노산을 음식으로 섭취하는 것은 무척 중요하지요. 결국 우리가 어떤 음식을 얼마나 먹느냐에 따라 몸속 영양소는 돌고 도는 순환을 하고 있답니다.

모두 다 돌고 도는 순환 여행중

재미있게도 영양소를 이루는 탄소, 수소, 산소, 질소는 전 지구를 걸쳐 돌고 도는 순환도 하고 있어요. 탄소, 수소, 산소, 질소는 공기 중을 떠돌아다니는 기체를 이루고 있었을 수도 있고, 산속 나무의 일부분이었거나 바닷속 생선의 일부였을 수도 있지요. 우리 몸속의 영양소는 물론 몸을 이루고 있는 물질 모두는 자연 속에서 돌고 도는 순환 여행을 끊임없이 하고 있답니다.

 냠냠쩝쩝 음식 이야기

인간을 인간으로 만든 건 음식?

인간이 인간으로 진화하는 데에는 음식이 큰 영향을 미쳤어요. 고기와 같이 열량(음식에 들어 있는 에너지)이 높은 음식을 먹게 되면서 뇌가 커지게 되었다고 해요. 또 음식을 요리해서 먹게 되면서 인류는 더 영리하고 빠른 인류로 한 단계 진화하게 되었답니다.

식물과 고기를 날것으로 먹다

인류의 초기 조상이라 여겨지는 '오스트랄로피테쿠스'는 주로 식물을 음식으로 먹었어요. 열량이 낮은 식물성 음식은 많이 먹어야 할 뿐만 아니라 소화가 잘되지 않아 소화를 위해 커다란 창자가 필요했지요. 그러다가 인류가 고기를 먹게 되면서 치아가 날카롭고 뇌가 30퍼센트 커진 '호모 하빌리스'가 등장했어요.

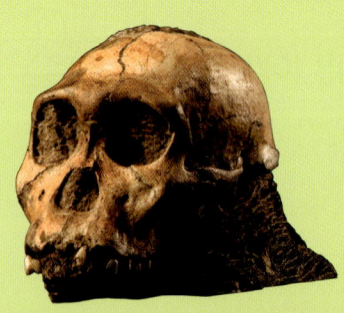
오스트랄로피테쿠스의 머리뼈

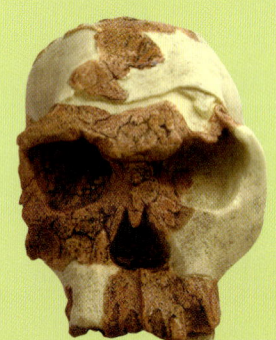
호모 하빌리스의 머리뼈

호모 에렉투스의 머리뼈

음식을 불로 익혀 먹게 되다

그 후에 음식을 불로 익혀 먹는 요리를 할 수 있게 되자 '호모 에렉투스'가 등장했어요. 호모 에렉투스는 고기를 더 많이 먹게 되었고 뇌는 더 커졌지요. 뇌가 오스트랄로피테쿠스의 두 배 정도나 커졌어요. 그런데 턱과 치아, 소화 기관은 작아졌답니다.

과학자들은 호모 에렉투스가 고기를 많이 먹게 된 만큼 턱도 커졌어야 하는데, 오히려 턱이 작아진 것은 고기를 요리하여 소화하기 쉽게 해 줘서 씹는 부담이 줄어들었기 때문이라고 설명하고 있어요. 호모 에렉투스는 소화 기관이 작아진 덕분에 직립 보행뿐 아니라 빨리 달릴 수도 있게 되었답니다.

2장 꼭꼭 씹어 읽는 영양소

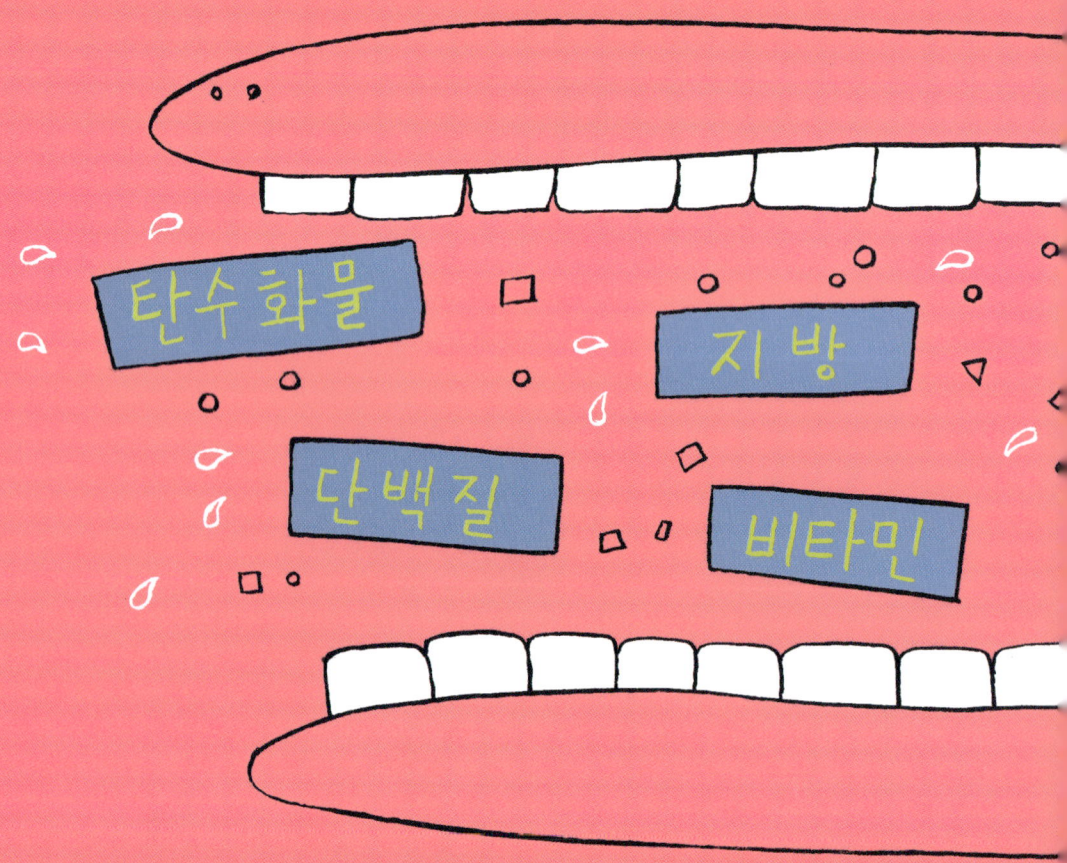

우리는 음식 속 영양소가 없으면 살 수가 없어요.
튼튼하고 건강한 몸을 위해서는 3대 영양소인 탄수화물, 단백질, 지방과
여기에 비타민, 무기질, 물을 더한 6대 영양소를 골고루 잘 먹어야 하지요.
영양소마다 몸속에서 하는 일이 다르거든요.
그렇다면 영양소는 몸속에서 어떤 일을 하는 걸까요?
영양소에 대해 궁금한 모든 것, 지금 바로 들려 줄 테니 꼭꼭 씹어 읽어 주세요!

탄수화물 ①
탄수화물, 왜 먹어야 할까요?

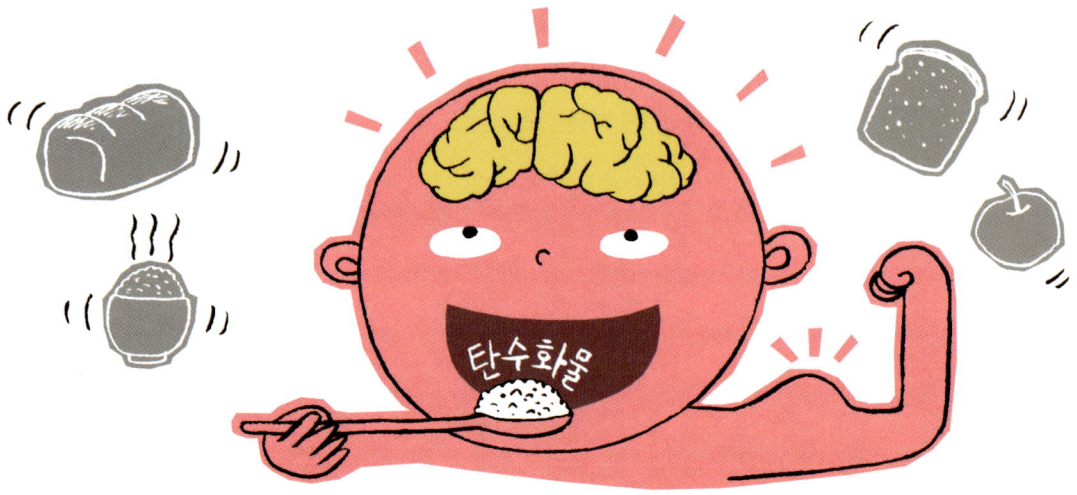

구수한 밥이나 부드러운 식빵, 새콤달콤한 과일과 사탕 등 우리가 주식으로 먹거나 단맛이 나서 좋아하는 음식에는 탄수화물이 들어 있어요.

탄수화물의 종류

탄수화물을 만드는 단위가 되는 당의 수에 따라 탄수화물을 단당류와 이당류, 다당류로 나눌 수 있어요. 탄수화물을 만드는 단위가 중요한 이유는 다당류가 소화되어 단당류가 되어야만 소화 기관에서 흡수를 할 수 있고, 우리 몸이 에너지로 사용할 수 있기 때문이에요. 단당류는 탄수화물을 이루는 가장 작은 단위로 포도당과 과당, 젖당 등이 있어요. 이당류는 단당류 두 개가 결합해 만든 탄수화물로 설탕이나 맥아당 등이 있지요. 흔히 볼 수 있는 설탕은 포도당과 과당으로 이루어져 있어요. 단당류가 여러 개 모이면 다당류가 되는데, 단당류와 이당류는 단맛이 나지만 다당류는 단맛이 나지 않아요.

생명체의 에너지원, 탄수화물

탄수화물은 근육과 뇌는 물론 온몸의 세포 하나 하나를 움직이게 하는 생명체의 중요한 에너지원이에요. 탄수화물 1그램은 4킬로칼로리의 열량을 내요. 특히 뇌는 단맛이 나는 포도당만을 에너지로 사용하는데, 아주 많은 양을 사용한답니다. 뇌는 약

탄수화물은 주식으로 먹거나 단맛이 나는 음식에 주로 들어 있어요.

1,400그램으로 우리 몸의 40분의 1도 안 되는 크기지만 우리가 하루에 사용하는 포도당의 반 이상을 사용해요. 나머지 50퍼센트의 포도당은 몸의 다른 세포들이 에너지로 사용해요. 혈액 속에는 포도당이 들어 있는데, 혈액이 온몸을 돌아다니며 세포들에게 포도당을 나눠 주지요. 밥을 먹으면 힘이 나는 이유를 이제 알겠지요?

온도에 따라 단맛이 달라져요?

같은 사과지만 냉장고에서 꺼낸 시원한 사과는 더 맛있어요. 이건 그냥 느낌이 아니라 실제로 시원한 사과가 더 달답니다. 그 이유는 과일 속에 들어 있는 과당이 온도에 따라 달콤한 정도가 바뀌기 때문이지요. 과당은 알파형과 베타형이 있는데, 베타형이 세 배나 더 단맛을 내요. 과일의 온도가 낮으면 과당의 양은 변하지 않지만 베타형 과당이 많아져서 더 단맛이 나는 거예요. 하지만 과일의 온도가 너무 낮으면 혀의 감각이 둔해져서 오히려 단맛을 잘 느낄 수 없답니다.

탄수화물 ②
소화 안 되는 영양소, 식이 섬유소

　소화는 안 되지만 우리 몸에 꼭 필요한 영양소가 있어요. 바로 '식이 섬유소'예요. 식이 섬유소는 탄수화물의 한 종류로 '섬유질' 또는 '셀룰로스'라고도 부르는데, 채소와 과일, 해조류, 버섯 등에 많이 들어 있어요.
　처음에는 소화되지 않는 영양소여서 아무도 중요하게 생각하지 않았어요. 하지만 1970년대에 식이 섬유소를 적게 먹는 사람은 대장암이나 심장병, 당뇨병 등의 성인병에 더 많이 걸린다는 연구 결과가 발표되면서

뉴스 속 용어 알기
변비와 설사, 이제 걱정 마세요!

누구나 한 번쯤은 변비나 설사로 고생해 본 적이 있을 거예요. 변비는 똥을 눌 때 무리한 힘이 필요하거나 똥이 너무 딱딱하게 굳은 경우는 물론이고, 똥을 눈 뒤에도 시원하지 않거나 항문이 막힌 것 같은 느낌이 들 때, 일주일에 배변 횟수가 세 번이 안 되는 경우 등을 말해요. 식이 섬유소를 적게 섭취했을 때는 물론 긴장하거나 스트레스를 받았을 때 걸릴 수 있어요. 변비에 걸렸을 때는 식이 섬유소를 많이 먹고 유산균이 든 요구르트를 먹는 것도 도움이 되지요.
설사는 피곤하거나 평소와 다른 음식을 먹었을 때 큰창자 속 미생물의 균형이 깨지면서 특정한 미생물이 많아져서 생겨요. 설사를 해서 혼란이 일어난 미생물을 밖으로 버리는 것이지요. 설사가 났을 때는 약으로 설사를 멈추게 하는 것보다는 설사로 나쁜 균이 빠져나올 수 있게 하고, 물을 충분히 마시는 것이 좋답니다.

많은 사람들이 관심을 갖기 시작했지요.

식이 섬유소는 큰창자 안에 살고 있는 미생물에 영향을 미쳐서 대장암을 예방해 줘요. 또 혈관 벽에 쌓여 혈관을 막히게 하는 '콜레스테롤'이라는 지방이 흡수되는 것을 막아서 성인병의 위험도 낮춰 주지요.

식이 섬유소가 많이 든 과일과 채소

이뿐만이 아니에요. 식이 섬유소는 배부르다는 느낌을 주기 때문에 음식을 너무 많이 먹는 것을 막아 줘요. 게다가 식이 섬유소를 많이 먹으면 똥을 시원하게 눌 수 있어요. 식이 섬유소가 물을 흡수해서 똥의 양을 늘리고, 부드럽게 만들어 주기 때문이지요. 양이 많아지고 부드러워진 똥은 장을 빨리 통과하는 것은 물론 쉽게 몸 밖으로 나온답니다.

이처럼 식이 섬유소는 소화는 되지 않지만 우리 몸에 좋은 일을 많이 하는 정말 착한 영양소랍니다.

단백질 ①
단백질은 몸속에서 무슨 일을 할까요?

만약 3대 영양소인 탄수화물, 단백질, 지방 중 가장 중요한 영양소를 꼽으라고 한다면 단백질일 거예요. 단백질은 무척 중요해서 이름에도 그런 의미가 들어 있지요. 단백질은 영어로 'protein(프로틴)'이라고 하는데, '중요한 것'이라는 뜻의 그리스어 'proteios'에서 유래했답니다.

그렇다면 단백질은 도대체 왜 중요할까요? 그 이유는 단백질이 우리 몸에서 중요한 역할을 많이 하고 있기 때문이에요. 먼저 단백질은 우리 몸을 만드는 성분이에요. 근육이나 내장, 뼈와 피부 등이 단백질로 주로 이뤄져 있지요. 그래서 몸이 계속 자라나는 성장기의 어린이들은 단백질 섭취가 특히 중요해요. 성장을 하게 만드는 성장 호르몬과 어린이를 어른으로 만드는 성호르몬의 주요 성분도 단백질이에요. 단백질이 없으면 제대로 성장을 할 수 없는 거지요.

우리 몸에서 일어나는 화학 반응의 속도를 조절하는 물질인 효소도 단백질이에요. 소화를 돕는 소화 효소도 단백질이지요. 이외에도 혈액 속의 적혈구와 백혈구는 물론 면역을 담당하는 면역 글로블린 등 우리 몸의 많은 것들이 단백질로 이뤄져 있답니다. 단당류가 모여 여러 종류의 탄수화물을 만드는 것처럼, 20종류의 아미노산이 모여 다양한 종류의 단백질을 만들어요.

성장기에 있는 여러분은 단백질과 아미노산이 많은 고기나 달걀, 우유를 적당히 먹는 것이 무엇보다 중요하다는 점, 꼭 기억하세요!

뉴스 속 용어 알기

단백질 보충제, 과연 몸에 좋을까?

멋진 몸매를 만들기 위해 운동을 하며 근육을 키우는 어른들이 있어요. 효과적으로 근육을 만들기 위해 단백질 보충제를 먹기도 하지요. 그런데 이 단백질 보충제가 건강에는 해로울 수 있답니다. 근육의 주요 성분은 단백질이어서 단백질을 적당히 먹으면 근육을 잘 만들 수 있어요. 하지만 단백질을 지나치게 많이 먹으면 칼슘이 오줌으로 빠져나가 뼈조직이 엉성해지는 골다공증이 쉽게 생길 수 있어요. 또 몸에 사용하고 남은 단백질이 포도당이나 지방으로 바뀌는 과정에서 질소가 나와요. 이 질소는 오줌으로 나오는데, 이때 신장이 무리를 하게 된답니다. 무엇이든 몸에 좋다고 해도 지나치게 먹는 것은 좋지 않아요.

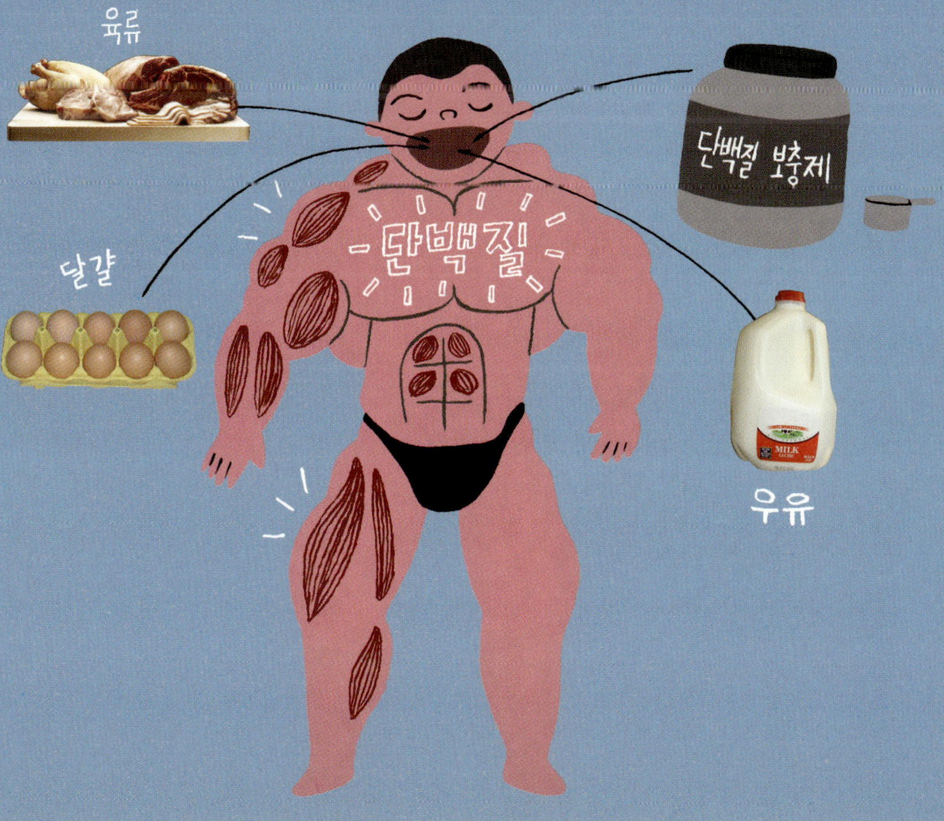

단백질②
동물성 단백질 vs 식물성 단백질

동물성 단백질					식물성 단백질

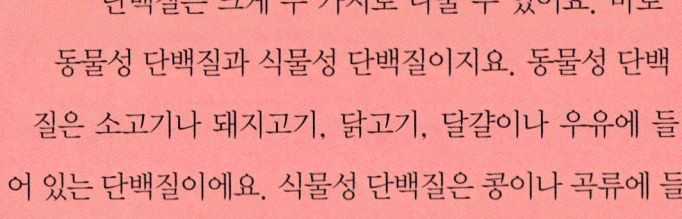

　　단백질은 크게 두 가지로 나눌 수 있어요. 바로 동물성 단백질과 식물성 단백질이지요. 동물성 단백질은 소고기나 돼지고기, 닭고기, 달걀이나 우유에 들어 있는 단백질이에요. 식물성 단백질은 콩이나 곡류에 들어 있는 단백질이지요.
　　단백질을 왜 이렇게 나누냐고요? 이 질문에 대한 답을 알기 위해서는 필수 아미노산과 비필수 아미노산에 대해 알아야 해요. 필수 아미노산은 우리 몸에서 만들 수 없거나 만들 수 있더라도 양이 너무 적어서 반드시 음식으로 먹어야만 하는 아미노산을 말해요. 비필수 아미노산은 필요 없는 아미노산이라는 뜻이 아니라, 다른 아미노산을 재료로 우리 몸이 만들어 낼 수 있는 아미노산이기 때문에 꼭 음식으로 먹지 않아도 되는 아미노산이라는 뜻이지요.
　　같은 양의 단백질일 경우 동물성 단백질에 필수 아미노산이 더 많이 들

어 있기 때문에 동물성이냐 식물성이냐를 구분하는 거랍니다. 하지만 필수 아미노산이 많다고 해서 동물성 단백질만 먹어야 하는 것은 아니에요. 동물성 단백질을 먹을 때 지방도 같이 많이 먹을 수 있기 때문에 동물성 단백질과 식물성 단백질을 적절하게 먹는 것이 중요하지요.

뉴스 속 용어 알기

콩고기의 정체를 밝혀라!

콩고기라는 말을 들어 본 적 있나요? 콩고기는 콩의 단백질로 고기처럼 만든 것을 말해요. 소고기나 닭고기는 물론 소시지나 어묵, 오징어도 만들 수 있지요. 밀로도 고기를 만들어요. 밀에 들어 있는 단백질인 글루텐으로 밀고기를 만들지요.

콩고기나 밀고기는 고기를 먹지 않는 채식주의자나 고기는 먹고 싶지만 지방이나 콜레스테롤을 피하고 싶은 사람들이 즐겨 먹는 음식이랍니다.

지방 ①
두 얼굴의 지방

지글지글 삼겹살 구이나 튀김, 돈가스처럼 지방이 많은 음식은 왠지 살이 찔 것만 같고 피해야 할 것처럼 여겨지지요? 많은 사람들이 지방을 비만의 원인으로만 생각하고, 먹을 필요 없는 영양소로 생각해요. 하지만 꼭 그렇지만은 않답니다.

꼭 필요한 영양소, 지방

첫째, 지방은 우리 몸을 이루는 중요한 성분이에요. 뇌의 80퍼센트가 지방으로 만들어져 있지요. 세포막을 구성하는 중요한 성분과 우리 몸을 조절하는 호르몬의 재료도 지방이에요. 둘째, 지방은 우리 몸의 에너지원이에요. 탄수화물과 단백질은 1그램당 4킬로칼로리의 열량을 내지만 지방은 1그램당 9킬로칼로리의 열량을 낸답니다. 셋째, 지방은 우리 몸을 보호해 줘요. 피부 밑에 있는 피하지방은 몸의 열이 빠져나가는 것을 막고, 몸속의 장기를 충격으로부터 보호해 주지요. 이렇게 지방은 몸에 꼭 필요한 영양소랍니다.

지나치면 해가 되는 지방

사람들이 지방을 몸에 나쁘다고 생각하는 건 지방을

너무 많이 섭취할 때 생기는 문제들 때문이에요. 지방은 열량이 높은 만큼 비만을 일으킬 위험도 높아요. 또 지방을 너무 많이 섭취하면 혈액 속 지방의 농도가 높아지는데, 이렇게 되면 혈관벽에 지방 찌꺼기가 쌓여서 혈액이 흐르는 걸 방해해요. 이 때문에 심장과 혈관에 병이 생길 수도 있지요

몸에 꼭 필요하지만 지나치면 해가 되는 지방! 적당히 먹는 지혜가 필요하겠지요?

지방이 많은 음식

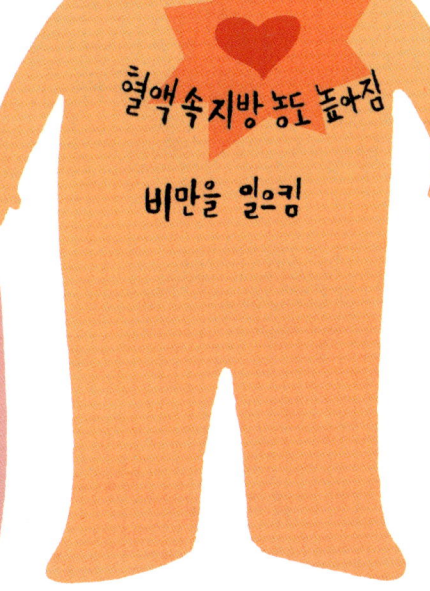
지방 섭취의 문제점
혈액 속 지방 농도 높아짐
비만을 일으킴

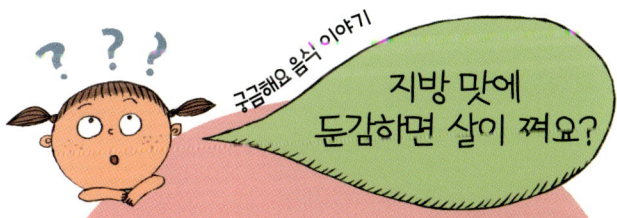
궁금해요 음식 이야기
지방 맛에 둔감하면 살이 쪄요?

아직까지 교과서에 실린 것은 아니지만 혀가 느끼는 제6의 맛으로 '지방 맛'이 추가될 것으로 보여요. 2012년 1월, 혀가 지방 맛도 느낄 수 있다는 연구 결과가 나왔답니다. 미국 워싱턴대학교 의과대학 페피노 마르타 교수 팀은 사람의 혀에 분포하는 'CD36' 유전자가 지방의 맛을 잘 느끼게 해 준다고 발표했지요.

지방 맛에 둔감하면 살이 찐다는 연구 결과도 있어요. 호주 디킨스대학교 러셀 키스트 박사 팀이 45명에게 우유를 마시게 한 뒤 지방 맛을 느끼는 정도와 비만의 정도 사이의 관계를 분석했지요. 그 결과, 사람마다 지방을 맛으로 느끼는 정도가 다르며, 지방 맛에 예민한 사람일수록 기름진 음식을 덜 섭취하는 것으로 나타났답니다.

지방②
꼭 먹어야 하는 필수 지방산

지방 중에서도 꼭 음식으로 먹어야만 하는 중요한 지방이 있어요. 바로 '필수 지방산'이에요. 필수 지방산은 필수 아미노산처럼 우리 몸에서 만들 수 없어서 꼭 음식으로 먹어야 해요.

만약 필수 지방산이 부족하면 피부병에 걸리거나 성장을 제대로 할 수 없고, 우울증, 시력 저하, 심장 질병 등에 걸릴 수 있어요. 그래서 필수 지방산이 많은 콩기름이나 참기름, 옥수수유 같은 식물성 기름은 물론 견과류나 등 푸른 생선을 적당히 먹는 것이 중요해요.

필수 지방산이 많은 견과류

필수 지방산에는 '리놀레산', '알파(α)-리놀렌산', '아라키돈산' 이 세 가지가 있는데, 모두 불포화 지방이에요. 불포화 지방은 또 뭐냐고요? 자연에 존재하는 지방에는 두 가지 종류가 있어요. 바로 '포화 지방'과 '불포화 지방'이지요. 이 둘의 가장 큰 차이는, 고체가 액체 상태로 변하는 온도인 '녹는점'이 다르다는 거예요. 불포화 지방은 녹는점이 낮아서 실내 온도에서 액체 형태로 존재해요. 포화 지방은 녹는점이 높아서 실내 온도에서 고체 형태로 굳어져 있지요. 고체 기름보다는 필수 지방산이 든 불포화 지방, 즉 액체 기름을 먹는 것이 더 건강에 좋답니다.

하지만 한 가지 주의할 것이 있어요. 필수 지방산도 지방이기 때문에 열량이 높으니 너무 많이 먹으면 안 된다는 점, 절대 잊지 마세요!

뉴스 속 용어 알기

좋은 콜레스테롤과 나쁜 콜레스테롤

식물이나 생선에 많은 불포화 지방은 혈관 건강에 이로운 지방이에요. 한편 소 기름, 돼지 기름, 닭 껍질, 버터 등에 많은 포화 지방은 동맥 경화 등 혈관 질환의 원인으로 손꼽히는 해로운 지방이지요. 그 이유는 포화 지방을 먹으면 '나쁜 콜레스테롤'의 수치가 높아지기 때문이에요. 콜레스테롤에는 혈관에 쌓여 혈액의 흐름을 막는 나쁜 콜레스테롤이 있어요. 반면 혈관을 돌아다니면서 혈액의 흐름을 방해하는 콜레스테롤을 흡수해 간으로 보내는 좋은 콜레스테롤도 있답니다.

비타민 ①
채소와 과일에 많은 비타민

감기에 걸리거나 몸에 힘이 없을 때 '혹시 비타민이 부족한 건 아닐까' 생각하게 돼요. 비타민이 든 과일이나 채소를 먹으면 건강이 좋아지는 기분도 들지요. 이름마저도 상큼하게 느껴지는 비타민은 매우 적은 양이 필요하지만 우리 몸의 생명 활동과 기능을 조절하는 중요한 영양소랍니다.

하지만 1900년대 초까지만 해도 동물의 성장과 생명 유지에 필요한 영양소는 탄수화물, 단백질, 지방, 무기질, 물 이렇게 다섯 가지라고 생각했어요. 그러나 그때까지 알려졌던 모든 영양소를 골고루 섞어 만든 사료로 동물을 키워도 동물들이 제대로 자라지 못하자 다섯 가지 영양소 외에 꼭 필요한 영양소가 더 있다는 걸 알게 됐어요. 그 후 밝혀지지 않은 영양소에 대한 연구가 활발해졌고, 1912년 폴란드의 화학자 풍크가 식욕이 없고 몸이 무력해지는 각기병에 효과가 있는 성분을 쌀겨에서 분리해 내는 데 성공했지요. 그는 이 물질에 아민(amine, 질소가 있는 유기 물질)이 있다는 것을 밝혀내고 이름을 비타민(vitamine)이라고 지었어요. 그러나 그 후, 모든 비타민에 아민이 있는 것은 아니라는 것이 밝혀지면서 비타민의 마지막 e자를 없앤 비타민(vitamin)으로 불렀답니다.

비타민이 풍부한 과일

비타민은 아주 적은 양으로 우리 몸의 생명 활동과 기능을 조절한다는 점에서 호르몬과 비슷해요. 하지만 호르몬은 몸에서 스스로 만들 수 있고, 비타민은 몸에서 만들 수 없거나 만들 수 있다 하더라고 충분하지 않기 때문에 반드시 음식으로 먹어야만 하는 영양소랍니다.

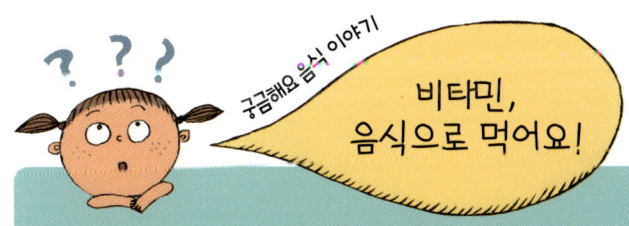

비타민, 음식으로 먹어요!

비타민은 부족하면 건강에 문제가 생기는 중요한 영양소니까 넉넉히 먹으면 건강에 더 좋을 거라는 생각에 약으로 된 비타민을 먹는 사람들이 많아요. 하지만 비타민 부족으로 병에 걸리던 시대는 먹을 것이 부족하던 때예요. 지금은 먹을거리가 충분해서 비타민 부족으로 병에 걸리는 일은 무척 드물지요.

영양제 같은 건강 기능 식품은 일상적인 식사에서 부족할 수 있는 영양소나 건강에 도움을 줄 수 있는 기능 성분이 들어 있을 뿐 질병을 치료하거나 예방하는 약이 아니에요. 의사들은 비타민 같은 영양소는 식품 형태로 먹는 것이 가장 좋다고 이야기하고 있답니다.

비타민, 약보다는 비타민이 가득 든 채소나 과일 등 음식으로 섭취하는 것이 좋아요.

비타민②
비타민 A부터 줄 세워 보아요

비타민 하면 그 옆에 A, B, C 등 알파벳이 붙은 것이 가장 먼저 생각날 거예요. 비타민의 알파벳은 발견된 순서에 따라 붙여지거나 비타민 K처럼 몸 안에서 어떤 기능을 갖는지에 따라 붙여졌답니다.

비타민 K는 혈액 응고에 필요한 물질이라서 독일어나 덴마크어로 응고를 뜻하는 'Koagulation'의 첫 글자인 K가 붙은 거예요. 비타민 B는 비타민 B가 한 가지 물질이 아니라는 것이 알려지면서 비타민 B 복합체로 불려요. 그리고 B_1, B_2…… B_{12} 식으로 이름이 붙게 됐지요.

비타민은 지방에 녹는 지용성과 물에 녹는 수용성으로 나눌 수 있어요. 지용성 비타민은 수용성 비타민보다 열에 강해서 음식을 요리하는 과정에도 파괴되지 않아요. 지방에 녹기 때문에 장에서 지방과 함께 흡수되지요. 지용성 비타민은 너무 많이 먹으면 몸에 쌓여서 독처럼 작용할 수 있기 때문에 주의해서 먹어야 해요. 비타민 A, D, E, K가 지용성 비타민이랍니다.

수용성 비타민은 열에 약해서 요리하는 동안 쉽게 파괴될 수 있어요. 필요한 양보다 넘치는 것은 오줌으로 빠져나오기 때문에 많이 먹어도 비교적 안전하답니다. 비타민 B 복합체, 비타민 C, 바이오틴, 엽산 등이 수용성 비타민이에요.

비타민은 종류에 따라 부족하면 걸리는 질병이 달라요. 적은 양이지만 꼭 음식으로 비타민을 섭취하여 건강을 지키도록 해요.

비타민의 종류와 기능

종류	성질	주요 기능	결핍시 증상	포함 음식
A	지용성	눈의 성장, 발육 지원.	야맹증, 상피 각질화.	간, 녹황색 채소 및 과일
B_1	수용성	이뇨 작용 및 성장 촉진.	각기병, 신경 불안, 불면증.	달걀노른자, 콩, 돼지고기
B_2	수용성	성장 촉진, 스트레스 완화.	생장 저해, 저항력 감퇴.	우유, 버섯, 시금치, 간
B_6	수용성	면역 체계 강화.	피부염, 근육 퇴화, 빈혈.	간, 시금치, 감자, 바나나
판토텐산	수용성	손 저림 완화, 항체 형성.	피부염, 식욕 부진, 변비.	간, 견과류, 닭고기
바이오틴	수용성	탈모 예방, 피부염 완화.	피부염, 결막염, 탈모.	달걀노른자, 우유, 인삼
엽산	수용성	기형 예방, 헤모글로빈 형성.	빈혈, 기형.	푸른 잎 채소, 간, 곡류, 콩
B_{12}	수용성	칼슘과 결합해 성장 촉진.	악성 빈혈, 생장 억제.	생선, 간, 쇠고기, 달걀
C	수용성	상처 치유.	괴혈병, 면역력 감소.	신선한 채소와 과일
D	지용성	칼슘과 인의 농도 유지.	구루병, 뼈 연화증.	달걀노른자, 버터, 참치
E	지용성	불포화지방산의 산화 방지.	신경 손상, 생식력 감퇴.	식물성 기름, 우유, 쌀눈
K	지용성	혈액 응고.	출혈, 골절, 혈액 응고 지연.	푸른 잎 채소

무기질 ①
튼튼한 몸을 위해, 무기질

여러분은 키 크기 위해서 우유나 멸치를 잘 챙겨 먹고 있나요? 우유나 멸치에는 무기질인 칼슘이 많이 들어 있어요. 칼슘은 뼈를 튼튼하고 크게 만들지요. 이처럼 무기질은 골격이나 치아 같은 우리 몸의 단단한 부분을 이루고 있어요. 그뿐만 아니라 근육이나 장기, 혈액의 중요한 성분이랍니다.

또 무기질은 우리 몸의 생체 기능을 조절하는 작용을 해요. 혈액과 같이 물로 된 몸속 성분에 녹아서 산성도가 적당하게 유지되도록 돕고, 수분의 양도 조절하지요. 효소의 성분이 되거나 효소의 반응이 잘 일어나

무기질은 채소, 과일, 해조류, 유제품, 생선 등 다양한 음식에 들어 있어요.

도록 돕는 역할도 해요. 소화액이나 호르몬의 재료가 되기도 하고, 우리 몸 곳곳으로 산소를 운반하거나, 신경 전달, 근육 수축 등에도 꼭 필요하답니다.

그렇다면 무엇이 무기질일까요? 탄소, 수소, 산소, 질소를 제외한 나머지 원소를 모두 '무기질' 또는 '미네랄'이라고 불러요. 우리 몸의 약 4퍼센트가 무기질이지요.

무기질은 대량 무기질과 미량 무기질로 나눌 수 있어요. 대량 무기질은 몸에서 많은 양이 필요한 것으로 칼슘, 염소, 마그네슘, 인, 칼륨, 나트륨이 있어요. 미량 무기질은 아주 적은 양이 필요한 것으로 철, 크롬, 구리, 코발트, 요오드, 몰리브덴, 셀레늄, 망간, 아연 등이 있지요.

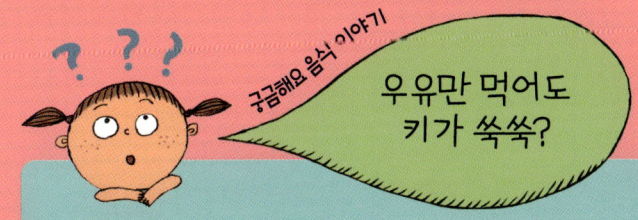

궁금해요 음식 이야기

우유만 먹어도 키가 쑥쑥?

키가 쑥쑥 자라는 데 꼭 필요한 영양소 하면 많은 사람들이 무기질인 '칼슘'을 떠올려요. 그래서 칼슘이 많이 든 우유를 많이 먹어야 키가 쑥쑥 자란다고 하지요. 하지만 칼슘은 하루에 700밀리그램만 먹어도 성장기에 뼈를 만드는 데 충분해요. 우유를 하루에 400~500밀리리터, 즉 두세 컵만 먹으면 되는 거지요.

사실 키가 클 때 더욱 중요한 영양소는 칼슘보다는 단백질이랍니다. 단백질은 뼈의 구성 성분이기도 하지만 뼈에 붙어 있는 근육의 성분이기도 해요. 근육의 양이 적으면 성장 호르몬이 제대로 나와도 제 기능을 하지 못하지요. 성장기에는 우유는 물론 등 푸른 생선과 된장이나 두부 같은 콩으로 만든 음식, 그리고 기름기가 적은 살코기, 달걀 등을 골고루 적당량 먹는 것이 무척 중요하답니다.

무기질 ②
무기질의 모든 것 한눈에 보기

사람에게 필요한 무기질은 나트륨, 칼륨, 염소, 칼슘, 마그네슘, 인, 철, 아연, 구리, 망간, 코발트, 크롬, 요오드, 몰리브덴, 셀레늄 등이 있어요. 무기질이 몸에서 어떤 다양한 역할을 하며, 어떤 음식을 통해 무기질을 섭취할 수 있는지 표로 한눈에 살펴보아요.

구분	종류(원소기호)	주요 기능	포함 음식
대량 무기질	나트륨(Na)	몸속 수분 양 조절. 신경 자극 물질.	소금
	칼륨(K)	세포 내의 화학 반응에 필수 성분. 세포의 성장, 혈압 유지.	채소류, 과일, 다시마, 효모, 바나나
	염소(Cl)	혈액의 산성도 조절. 소화, 면역 작용.	소금
	칼슘(Ca)	뼈와 치아의 성분. 혈액 및 세포에서 생리 작용.	우유, 치즈, 대두, 멸치, 참깨, 새우
	마그네슘(Mg)	뼈의 구성 성분. 각종 효소의 재료.	완두콩, 바닷물
	인(P)	뼈와 치아, 근육의 성분. 세포의 성장, 에너지 생성.	육류, 생선, 유제품, 달걀 등 대부분의 음식에 풍부

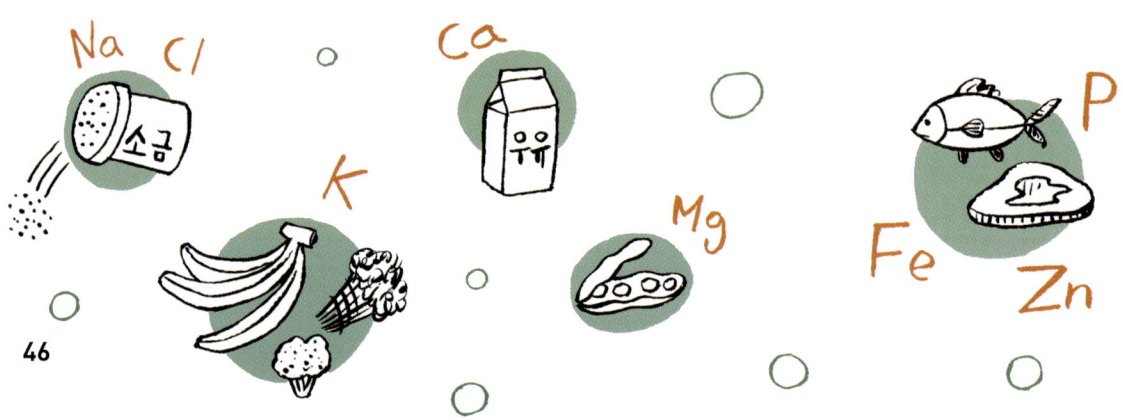

구분	종류(원소기호)	주요 기능	포함 음식
미량 무기질	철(Fe)	산소를 세포까지 전달해 주는 헤모글로빈의 재료.	달걀, 생선, 간, 육류, 푸른 잎 채소
	아연(Zn)	소화 작용, 핵산 및 단백질 합성. 70여 종류 효소의 재료.	생선, 육류, 달걀노른자, 간, 버섯
	구리(Cu)	철의 흡수와 이용률을 높임. 뼈와 적혈구를 만듦.	아몬드, 보리, 콩, 브로콜리, 마늘, 버섯, 오렌지, 건포도, 연어
	망간(Mn)	뼈 성장과 재생, 혈당 조절. 단백질, 면역계, 신경계 유지.	효모, 콩류, 밀, 녹황색 채소, 해초류, 달걀노른자, 파인애플
	코발트(Co)	비타민 B_{12}의 성분. 여러 효소 합성.	간, 푸른 잎 채소
	크롬(Cr)	인슐린 작용, 음식물 대사, 효소 활성, 콜레스테롤 대사.	효모, 현미, 해조류, 굴, 감자, 콩, 현미, 치즈
	요오드(I)	갑상선 호르몬 생성.	해산물, 해조류, 마늘, 버섯, 콩, 시금치
	몰리브덴(Mo)	효소의 촉매.	완두콩, 푸른 잎 채소
	셀레늄(Se)	항암. 고혈압 예방.	효모, 마늘, 파, 해조류, 현미, 간, 양파, 연어

우리 몸의 70퍼센트는 물

물

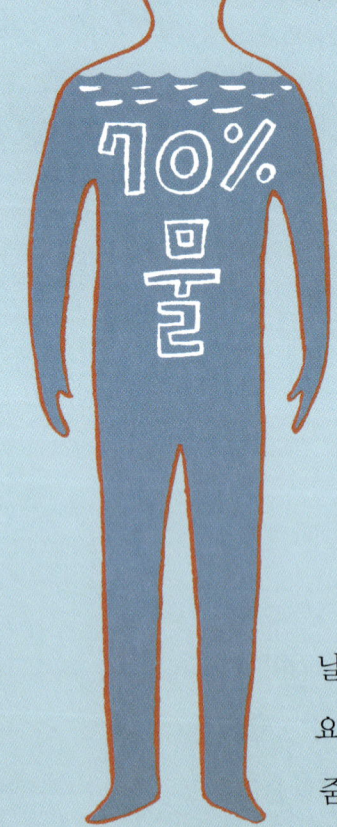

물은 아무 맛도 없고 열량도 없어요. 하지만 매우 중요한 영양소라는 사실을 알고 있나요? 영양소는 탄수화물, 단백질, 지방, 비타민, 무기질 이렇게 5대 영양소로 나누어요. 여기에 물을 더해 6대 영양소로 이야기하기도 하지요. 물은 우리 몸의 70퍼센트를 차지하는 가장 중요한 물질이기 때문이에요.

몸을 구성하고 생명을 유지하는 물

우리 몸을 돌고 도는 혈액은 물론 심장과 간, 근육, 세포 등에 물이 아주 많은 부분을 차지하고 있어요. 우리 몸의 지방이나 단백질이 절반가량 없어져도 살 수 있지만 물을 10퍼센트만 잃어도 위험한 상태가 되고, 20퍼센트 이상을 잃으면 목숨을 잃게 된답니다.

그런데 우리 몸은 물을 계속 사용하고 있어요. 더워서 땀이 날 때도 숨을 내쉴 때도 물이 몸 밖으로 조금씩 빠져나가지요. 몸에서 물이 가장 많이 빠져나가는 것은 오줌이에요. 오줌은 90퍼센트 이상이 물인데, 아미노산이 분해되면서 나온 찌꺼기인 요산처럼 몸에 필요 없는 물질을 오줌을 통해 몸 밖으로 버리는 거지요.

나트륨과 수분의 양을 유지해요

사람은 하루에 1.5~2.5리터의 물이 몸 밖으로 빠져나가는데, 그 잃은 만큼의 물을 음식에 든 수분을 섭취하거나 물을 마시는 것으로 채우고 있어요. 몸에 있던 물의 약 1~2퍼센트가 줄어들면 우리는 목이 마르다고 느껴요. 나트륨이 많이 든 짠 음식을 먹었을 때도 몸속의 나트륨 농도를 일정하게 유지하기 위해 물을 많이 마시게 되지요. 반대로 물을 많이 마셨을 때는 오줌을 눠서 몸속 수분의 양을 일정하게 유지한답니다.

뉴스 속 용어 알기

한국인, 물이 부족해요!

우리나라 사람들이 하루에 마시는 물의 양이 세계보건기구(WHO)가 권장하는 양보다 훨씬 적은 것으로 나타났어요. 2012년 한 기업이 우리나라 사람 1,099명을 대상으로 하루에 물을 얼마나 마시는지 설문 조사를 했어요. 그 결과 하루에 물을 5~6컵 마신다는 사람이 30퍼센트, 3~4컵을 마시는 사람은 28퍼센트였지요. 하루 1~2컵밖에 안 마신다는 사람도 11퍼센트나 됐어요.
세계보건기구가 권장하는 물의 양은 하루 1.5~2리터로 200밀리리터 컵으로 8~10컵이나 되는 양이랍니다. 과학자들은 건강을 위해 음료수나 음식이 아닌 순수한 물을 하루 1.5~2리터 마시라고 권장하고 있어요.

← 권장량
← 한국인

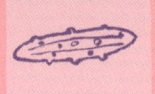    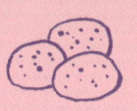  

냠냠쩝쩝 음식 이야기

영양소가 독이 된다고요?

몸에 꼭 필요한 영양소, 하지만 너무 많으면 독이 될 수 있어서 주의해야 해요. 탄수화물이나 지방, 단백질은 너무 많이 먹으면 비만을 일으킬 뿐이지만 비타민이나 무기질은 너무 많이 먹으면 독을 먹은 것처럼 몸에 나쁜 영향을 줄 수 있어요. 어떤 영양소든 적당히 균형 있게 섭취하는 것이 중요하답니다.

독이 되는 비타민

가장 주의해야 할 것은 지용성 비타민인 비타민 A, D, E, K예요. 수용성 비타민은 많이 먹으면 오줌으로 빠져나오지만 지용성 비타민은 몸 안에 쌓여서 독이 될 수 있지요. 비타민 A는 간에 쌓이는데, 오랜 시간 동안 너무 많이 먹으면 간이 제대로 일을 못하게 돼요. 특히 임신부가 비타민 A를 너무 많이 먹으면 배 속의 아기가 기형을 일으킬 수 있어 주의해야 하지요. 비타민 D도 너무 많이 먹으면 혈액 속 칼슘의 양이 너무 많아지는 등 독성이 나타나요. 비타민 E는 혈액 응고 기능을 방해해서 출혈이 쉽게 멈추지 않을 수 있답니다.

질병을 일으키는 무기질

무기질을 너무 많이 먹는 것도 주의해야 해요. 너무 많은 칼슘은 피로, 식욕 감퇴, 체중 감소, 근육통, 변비 등을 일으킬 수 있어요. 철을 너무 많이 먹으

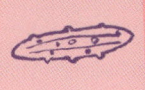

면 편두통, 고혈압, 관절통을 일으키고 아연을 넘치게 먹으면 피로, 식욕 부진, 활력 저하, 우울증, 설사, 성장 장애, 당뇨 등이 생길 수 있지요.

비타민과 무기질의 상한 섭취량

한국영양학회는 비타민과 무기질을 이 이상은 먹지 말라는 의미로 '상한 섭취량'을 정해 놓았어요. 예를 들어 9~11세 남자 어린이의 비타민 C 일일 권장량은 70밀리그램, 상한 섭취량은 1,000밀리그램이지요. 흔히 먹는 비타민 음료 두 병이면 상한 섭취량을 먹은 것이 되기 때문에 주의해야 해요.

▶ 비타민과 무기질 권장 섭취량과 상한 섭취량

구분 종류(단위)	남자 9~11세		여자 9~11세	
	권장 섭취량	상한 섭취량	권장 섭취량	상한 섭취량
비타민 A(μgRE)	550	1,500	500	1,500
비타민 B$_6$(mg)	1.1	60	1.1	60
니아신(mg)	11	20	11	20
폴산(μg)	300	600	300	600
비타민 C(mg)	70	1,000	80	1,000
비타민 D(μg)		60		60
비타민 E(mg)		280		280
나트륨(g)	1.3	2.0	1.3	2.0
칼슘(mg)	800	2,500	800	2,500
인(mg)	1,000	3,500	900	3,500
철(mg)	11	40	10	40
아연(mg)	8	18	7	18

출처 : (사)한국영양학회, 한국인영양섭취기준위원회

3장 음식, 얼마나 먹어야 할까요?

엄마가 해 주신 맛있는 밥과 반찬, 지글지글 구운 고기와 튀긴 치킨,
친구들과 먹으면 더 맛있는 떡볶이와 햄버거 그리고 피자,
상큼한 과일과 채소, 달콤한 아이스크림과 초콜릿…….
세상에는 맛있는 음식이 정말정말 많아요.
하지만 건강하고 튼튼하려면 음식을 골고루 적당량 먹어야 해요.
그런데 무엇을 얼마나 먹어야 골고루 적당히 먹는 것일까요?
어떤 음식을 얼마나 먹어야 하는지 함께 알아보아요!

음식 속 에너지, 열량

친구들과 삼삼오오 모여서 컵라면도 먹고, 떡볶이도 먹고, 햄버거도 먹곤 하지요? 그때 여러분이 중요하게 생각하는 건 뭐예요? 어떤 햄버거가 맛있는지, 새로 나온 컵라면은 어떤 맛일지, 떡볶이가 얼마나 매울지 등 음식의 맛을 가장 중요하게 생각하겠지요. 물론 음식 맛도 중요하지만 영양소가 골고루 풍부하게 들었는지도 꼭 생각하고 먹도록 해요.

에너지를 주는 음식

음식의 맛과 영양소 말고도 중요하게 생각해야 하는 것이 있어요. 바로 '열량'이에요. 열량은 음식에 들어 있는 에너지를 말해요. 우리는 음식 속 열량을 이용해서 체온을 일정하게 유지하고, 음식을 소화하고, 운동을 하고, 키가 자라고, 뇌를 움직이는 거예요.

열량은 칼로리(cal)라는 단위를 써요. 1기압에서 물 1그램을 14.5도에서 15.5도까지 1도 올리는 데 필요한 에너지의 양이 1칼로리지요. 음식에는 킬로칼로리(1kcal=1,000cal)를 주로 사용해요.

섭취하는 열량과 사용하는 열량

열량을 얼마나 섭취하느냐에 따라 살이 찌기도 하고 빠지기도 해요. 음식으로 얻는 열량이 활동하면서 쓰는 열량보다 적으면 열량 부족 상태가 돼요. 그러면 우리 몸은 이미 몸에 지니고 있던 체지방이나 근육 등을 분해해 부족한 열량을 채우지요. 그 결과 몸무게가 줄어드는 거예요.

반대로 섭취한 열량에 비해 쓰는 열량이 적을 때에는 열량이 남게 돼요. 그러면 남는 열량만큼 몸에 지방으로 쌓여서 비만이 될 수 있지요. 어릴 때 비만인 사람은 어른이 되어서도 비만이 되기 쉬워요. 따라서 어릴 때부터 열량을 적절하게 섭취하고 적절하게 활동해서 비만이 되지 않도록 하는 것이 정말 중요하답니다.

맛, 영양, 열량…….

궁금해요 음식 이야기
고열량과 저열량

음식을 보고 고열량 음식이라거나 저열량 음식이라는 말을 많이 사용해요. 고열량 음식 혹은 열량이 높은 음식이라는 말은 많은 에너지를 내는 음식이라는 의미예요. 고열량 음식은 적게 먹어도 많은 에너지를 주지요. 게다가 고열량 음식은 기름지고 달콤한 게 많아서 맛있게 느껴져요. 또 열량이 높은 음식은 뇌의 쾌감 중추를 강하게 자극해서 기분을 좋게 해 주지요.

하지만 고열량 음식은 혈액 속의 지방 양을 빠르게 높여서 건강에는 좋지 않아요. 또 열량이 높은 음식을 반복해서 먹을 경우 이보다 낮은 열량의 음식으로는 만족하지 못하게 되어 과식이나 폭식을 할 위험이 높아지게 되니 주의해야 해요.

미국의 한 패스트푸드점에서 판매하는 엄청난 양의 버거. 버거 한 개의 열량이 8,000킬로칼로리에 달해요.

난 얼마나 먹어야 할까요?

열량을 잘 섭취해야 한다면, 도대체 얼마나 먹어야 하는 걸까요? 정답은 '적절한 열량'이에요. 그런데 얼마나 먹는 것이 적절한 열량인지 전혀 감이 안 오지요? 지금부터 설명할 테니 모두들 집중하세요!

▶ **한국인 1일 영양 섭취 기준**

구분	연령(세)	체중(kg)	신장(cm)	열량(kcal)
남자	6~8	23.8	122	1,600
	9~11	34.5	138	1,900
	12~14	49.6	159	2,400
	15~18	63.8	172	2,700
여자	6~8	22.9	120	1,500
	9~11	32.6	138	1,700
	12~14	46.5	155	2,000
	15~18	53.0	160	2,000

운동 열량   먹는 열량

출처 : (사)한국영양학회, 한국인영양섭취기준위원회

적절한 열량이란, 먹는 열량과 몸에서 사용하는 열량이 균형을 이룬 것을 말해요. 얼마나 먹어야 하는지 알려면 우리 몸에서 얼마만큼의 열량을 사용하는지를 먼저 알아야 해요. 우리 몸에서 필요로 하는 열량은 기초대사량, 활동에 필요한 열량, 음식을 소화 흡수해서 사용하기 위해 필요한 열량을 더한 것이에요.

기초대사량은 세포가 활동하고, 심장이 뛰고, 숨을 쉬는 등 생명을 유지하기 위해 필요한 열량이에요. 한마디로 아무것도 하지 않고 가만히 누워 있어도 우리 몸이 사용하는 열량이지요. 기초대사량은 키나 몸무게, 나이 등에 따라 사람마다 달라요. 활동에 필요한 열량은 우리가 걷고 뛰고 말하고 생각하는 등 다양한 활동을 할 때 필요한 열량이에요. 어떤 활동을 하는지에 따라 크게 달라지지요. 마지막으로 음식을 소화 흡수해서 사용하기 위한 열량은 음식마다 다른데, 예를 들면 입에서 사르르 녹는 설탕보다 꼭꼭 씹어야 하는 현미가 소화 흡수할 때 더 많은 열량이 필요하답니다.

이렇게 사람마다 필요로 하는 열량이 제각각 다르기 때문에 자신에게 적절한 열량을 정하는 것은 매우 어려운 일이에요. 그래서 한국영양학회에서는 나이에 따라 어느 정도의 열량을 섭취하는 것이 좋은지 기준이 될 수 있는 '한국인 1일 영양 섭취 기준'을 만들었어요. 이 기준을 바탕으로 운동량이 많거나 체중을 늘려야 하면 조금 더 많은 열량을 섭취하고, 평소에 운동량이 적거나 체중을 줄여야 할 때는 열량을 조금 섭취하면 되는 거예요.

난 무엇을 먹어야 할까요?

　나에게 필요한 적절한 열량이 얼마인지를 알았으면, 무엇을 얼마나 먹어야 하는지도 알아야겠지요? 무엇을 얼마나 먹어야 할까요? 이건 '식품 구성 자전거'를 보면 알 수 있어요.

　식품 구성 자전거는 영양소를 골고루 섭취할 수 있도록 하루에 어떤 식품을 얼마나 먹어야 하는지 알려 주는 그림이에요. 그림의 자전거 바퀴에서 각 식품이 차지하는 비율만큼 먹으면 되지요. 앞바퀴에는 물이 있는데, 이건 물을 마시는 것도 중요하다는 의미예요. 식품 구성표가 자전거인 이유는 적절한 운동도 해야 한다는 뜻이지요.

출처 : 보건복지부 · 한국영양학회, 2015 한국인 영양소 섭취기준

조금 더 자세하게 알고 싶다면 아래와 다음 페이지의 표를 보세요. 6~11세의 어린이에 해당하는 식품군별 대표 식품의 종류와 하루에 먹는 횟수가 나와 있어요. 1회 분량을 나타내는 표를 보고 양을 알고, 하루에 먹는 횟수만큼 먹으면 되지요. 곡류로 예를 들면, 남자 어린이의 경우 곡류군 3회 섭취를 권장하고 있어요. 아침에 1회 분량인 식빵 2장, 점심에 1회 분량의 쌀밥 1그릇, 저녁에 1회 분량 만큼의 콩밥 1그릇을 먹으면 하루에 필요한 곡류군 3회를 적절하게 먹는 것이 되는 거예요. 여자 어린이의 경우에는 곡류군을 2.5회 섭취하는 것을 권장하고 있으니 아침에는 식빵을 1장만 먹고 나머지는 남자 아이와 똑같게 먹으면 되는 거지요. 나머지 식품군도 표를 보고 같은 방법으로 이용하면 돼요.

너무 복잡하고 귀찮다면 이것만 꼭 기억해 두세요. 비타민과 무기질을 섭취할 수 있는 채소류를 많이 먹고, 비만을 불러오는 기름과 당류는 조금만 먹기, 그리고 다양한 식품을 골고루 균형 있게 섭취하면 된답니다.

▶ **식품군별 권장 횟수(6~11세)**

식품군	여자 (1,700kcal)	남자 (1,900kcal)
곡류	2.5회	3회
고기, 생선, 달걀, 콩류	3회	3.5회
채소류	6회	7회
과일류	1회	1회
우유, 유제품류	2회	2회
유지, 당류	5회	5회

출처 : 보건복지부 · 한국영양학회, 2015 한국인 영양소 섭취기준

▶ **식품군별 대표 식품의 1인 1회 분량**

식품군	1인 1회 분량		
곡류	밥 1공기(210g)	백미(90g)	국수 1대접(건면 100g)
고기, 생선, 달걀, 콩류	육류 1접시(생 60g)	닭고기 1조각(생 60g)	생선 1토막(생 60g)
채소류	콩나물 1접시(생 70g)	시금치나물 1접시(생 70g)	배추김치 1접시(생 40g)
과일류	사과(중) 1/2개(100g)	귤(중) 1개(100g)	참외(중) 1/2개(200g)
우유, 유제품류	우유 1컵(200mL)	치즈 3장(60g)	떠먹는 요구르트 1/2컵(100g)
유지, 당류	식용유 1작은술(5g)	버터 1작은술(5g)	마요네즈 1작은술(5g)

1인 1회 분량

떡국용 떡 1인분 (150g)

식빵 2장 (100g)

콩 (20g)

두부 2조각 (80g)

달걀 1개 (60g)

오이 1접시 (생 70g)

버섯 1접시 (생 30g)

물미역 1접시 (생 30g)

포도 1/3송이 (100g)

키위 1개 (100g)

오렌지 주스 1/2컵 (100mL)

마시는 요구르트 3/4컵 (150mL)

아이스크림 1/2컵 (100g)

설탕 1큰술 (10g)

꿀 1큰술 (10g)

출처 : (사)한국영양학회, 한국인 영양섭취기준 개정판, 2015

함께 지켜요! 어린이 식생활 지침

적절한 열량의 음식을 골고루 먹는 것 외에도 몸을 건강하게 유지하기 위해서는 다양한 노력을 해야 해요. 적당한 운동을 해야 하는 것은 물론 짜지 않게 먹고 몸에 나쁜 음식은 먹지 말아야 하지요.

건강하게 잘 먹는 것이 아주 쉽고 간단한 건 아니에요. 음식이 우리 몸에 미치는 영향은 매우 크기 때문에 관심과 노력이 꼭 필요하답니다.

건강한 식생활이 복잡하고 어렵게만 느껴지는 친구들을 위해 간단하게 정리한 '어린이를 위한 식생활 지침'을 소개할게요. 매일매일 어린이를 위한 식생활 지침만 실천해도 건강한 생활을 할 수 있을 거예요. 올바른 식생활은 건강의 기본이니까요!

▶**어린이를 위한 식생활 지침**

음식은 다양하게 골고루

1. 편식하지 않고 골고루 먹습니다.
2. 끼니마다 다양한 채소 반찬을 먹습니다.
3. 생선, 살코기, 콩 제품, 달걀 등 단백질 식품을 매일 한 번 이상 먹습니다.
4. 우유를 매일 두 컵 정도 마십니다.

많이 움직이고, 먹는 양은 알맞게

1. 매일 한 시간 이상 적극적으로 신체 활동을 합니다.
2. 나이에 맞는 키와 몸무게를 알아서, 표준 체형을 유지합니다.
3. TV 시청과 컴퓨터 게임을 모두 합해서 하루에 두 시간 이내로 제한합니다.
4. 식사와 간식은 적당한 양을 규칙적으로 먹습니다.

식사는 제때에, 싱겁게

1. 아침밥은 꼭 먹습니다.
2. 음식은 천천히 꼭꼭 씹어 먹습니다.
3. 짠 음식, 단 음식, 기름진 음식을 적게 먹습니다.

간식은 안전하고, 슬기롭게

1. 간식으로 신선한 과일과 우유 등을 먹습니다.
2. 과자나 탄산음료, 패스트푸드를 자주 먹지 않습니다.
3. 불량 식품을 구별할 줄 알고 먹지 않으려고 노력합니다.
4. 식품의 영양 표시와 유통 기한을 확인하고 선택합니다.

식사는 가족과 함께, 예의 바르게

1. 가족과 함께 식사하도록 노력합니다.
2. 음식을 먹기 전에 반드시 손을 씻습니다.
3. 음식은 바른 자세로 앉아서 감사한 마음으로 먹습니다.
4. 음식은 먹을 만큼 담아서 먹고 남기지 않습니다.

출처 : 보건복지부

나는 뚱뚱할까요, 홀쭉할까요?

'으, 난 너무 뚱뚱한 것 같아!'

혹시 이렇게 생각하는 친구 있나요? 그런데 정말 뚱뚱한가요? 실제로는 뚱뚱하지 않은데도 자신을 뚱뚱하다고 생각하는 어린이가 많다고 해요. 이게 도대체 뭐가 문제냐고요?

자신이 뚱뚱하다는 스트레스를 받게 되면 '식사 장애'라는 병에 걸릴 수 있어요. 식사 장애에 걸리면 식사 후 죄책감이나 구토하고 싶은 충동을 느끼기도 해요. 평소에는 굶다가 갑자기 너무 많이 먹거나 음식에 집착할 수도 있지요. 결국 정말 뚱뚱하지도 않은데 살이 쪘다고 스트레스를 받게 되면 제대로 영양 섭취를 하지 못하는 문제가 생기는 거예요.

비만의 기준에 대해 바르게 알고 내 몸의 상태를 정확하게 판단하는 건 굉장히 중요해요. 그럼 비만인지 아닌지 알아보는 방법을 볼까요?

비만은 주로 신체 질량 지수를 기준으로 해요. 신체 질량 지수는 몸무게를 키의 제곱으로 나눈 값이에요. 20세 이상의 어른들은 신체 질량 지수가 25 이상이면 비만이지요. 20세 미만의 성장기 어린이와 청소년은 '소아·청소년 표준 성장 도표'를 보고 비만인지 아닌지 알 수 있어요. 신체 질량 지수 백분위가 95 이상이어야 비만이지요.

먼저 자신의 신체 질량 지수를 구하고, 표준 성장 도표에서 내가 어디쯤 속하는지 확인해 보세요.

신체 질량 지수=몸무게(kg)÷키(m)²

예를 들어 키 140센티미터에 몸 무게가 36킬로그램인 어린이의 경우, 36÷(1.4×1.4)로 계산하면 됩니다.

▶ 소아·청소년 표준 성장 도표

남자	신체 질량 지수 백분위(%)									
연령(세)	3	5	10	25	50	75	85	90	95	97
7~8	13.65	13.93	14.38	15.24	16.41	17.89	18.86	19.62	20.93	21.93
8~9	13.74	14.06	14.59	15.60	16.97	18.68	19.80	20.66	22.13	23.24
9~10	13.91	14.27	14.88	16.04	17.58	19.51	20.76	21.72	23.34	24.54
10~11	14.16	14.57	15.24	16.52	18.22	20.34	21.71	22.74	24.48	25.77
11~12	14.49	14.93	15.65	17.02	18.86	21.12	22.57	23.67	25.50	26.85
12~13	14.89	15.35	16.10	17.54	19.45	21.81	23.32	24.46	26.35	27.75
	저체중	정상					과체중		비만	

여자	신체 질량 지수 백분위(%)									
연령(세)	3	5	10	25	50	75	85	90	95	97
7~8	13.36	13.63	14.08	14.92	16.04	17.40	18.27	18.94	20.05	20.87
8~9	13.47	13.77	14.28	15.24	16.51	18.06	19.05	19.80	21.05	21.98
9~10	13.66	14.01	14.57	15.65	17.06	18.78	19.88	20.71	22.09	23.10
10~11	13.95	14.33	14.95	16.12	17.65	19.53	20.71	21.61	23.08	24.16
11~12	14.33	14.73	15.39	16.64	18.27	20.25	21.51	22.45	23.99	25.11
12~13	14.78	15.20	15.89	17.18	18.88	20.93	22.22	23.18	24.77	25.91
	저체중	정상					과체중		비만	

속닥속닥, 비만 고민 해결 비법

신체 질량 지수를 계산해 보았나요? 성장 도표에서 어디에 속하는지도 찾아봤나요? 아마 비만이나 과체중으로 나온 친구도 있을 거예요. 그렇다고 걱정이 돼서 오늘부터 굶겠다거나 해서는 절대 안 돼요! 한창 성장기의 어린이들은 성장에 필요한 영양소를 제대로 섭취해야 해요. 성장기가 끝난 후에는 아무리 잘 먹어도 키가 자라지 않아요. 살 빼려다가 제대로 자라지 못한다면 절대 안 되겠지요?

그렇다면 어떻게 해야 할까요? 지금부터 비만 고민을 해결하는 5가지 비법을 소개할게요.

첫째, 채소 많이 먹기. 열량이 적고 식이 섬유소가 많은 채소는 적은 양으로도 배가 부른 느낌을 줘요. 게다가 비타민과 미네랄이 풍부해서 몸에 좋지요. 둘째, 사탕이나 초콜릿, 과자 같은 간식 적게 먹기. 이런 간식은 적은 양으로도 많은 열량을 내요. 간식을 먹을 때는 잊지 말고 간식의 열량을 확인하세요. 셋째, 탄산음료 적게 마시기. 탄산음료는 열량만 높고 당분 이외에는 영양소가 거의 없어요. 대신 물이나 우유를 마시는 게 좋아요. 넷째, 아침 점심 저녁 꼭 챙겨 먹기. 식사를 거르면 오히려 갑자기 많이 먹게 될 수 있어요. 다섯째, 규칙적으로 운동하기. 운동을 하면 몸이 에너지를 더 쓰게 될 뿐만 아니라 몸이 더 튼튼해지는 일석이조 효과가 있어요. 이 다섯 가지만 실천하면 비만은 걱정 없답니다.

궁금해요 음식 이야기

비만 해결의 열쇠, 간식

비만을 해결하고 싶다면 간식에 신경을 써 보세요. 간식은 하루에 필요로 하는 열량의 10~15 퍼센트 정도만 먹으면 적당해요. 9~11세 어린이는 하루에 약 1,800킬로칼로리(남자 1,900킬로칼로리, 여자 1,700킬로칼로리)가 필요하니까, 간식으로 180~280킬로칼로리의 열량만 섭취하면 되지요.

다음은 무심코 먹는 대표적인 간식들이에요. 이런 간식으로 얻은 열량을 운동으로 쓰려면 어떤 운동을 얼마나 해야 할까요?

우유 1컵
(120킬로칼로리)
= 달리기(28분)

스낵과자 1봉지
(145킬로칼로리)
= 자전거 타기(34분)

바나나 1개
(108킬로칼로리)
= 걷기(85분)

탄산음료 1컵
(78킬로칼로리)
= 걷기(62분)

햄버거 1개
(258킬로칼로리)
= 달리기(61분)

오렌지주스 1컵
(84킬로칼로리)
= 계단 오르기(19분)

라면 1인분
(521킬로칼로리)
= 에어로빅(159분)

닭튀김 1인분
(329킬로칼로리)
= 태권도(59분)

피자 1조각
(243킬로칼로리)
= 조깅(82분)

곰보빵 1개
(257킬로칼로리)
= 인라인스케이트(38분)

아이스크림 1컵
(216킬로칼로리)
= 줄넘기(39분)

초코파이 1개
(155킬로칼로리)
= 계단 오르기(36분)

9~11세 남자
평균 신장 : 140센티미터,
평균 체중 : 36킬로그램 기준

문제 있는 편식, 문제없는 편식

당근, 콩, 가지, 오이, 버섯……, 이 중에 싫어하는 음식이 있나요? 이런 음식들을 먹지 않는다고 엄마에게 혼난 적이 있나요?

좋아하는 것만 골라 먹고 싫어하는 것은 먹지 않는 편식은 나쁜 거예요. 하지만 편식에도 문제 있는 편식과 문제없는 편식이 있답니다. 채소를 아예 먹지 않거나 고기를 먹지 않는 등 먹지 않는 음식이 많은 편식은 문제 있는 편식이에요. 편식 때문에 영양소를 골고루 섭취할 수 없게 되니까 말이에요. 하지만 다 잘 먹는데 당근만 싫다든지, 콩은 싫지만 두부는 먹는 것처럼 영양소를 골고루 섭취하는 데에 큰 문제가 없는 편식은 문제가 없는 편식이지요.

좋아하는 음식과 싫어하는 음식이 있는 것은 당연한 일이에요. 좋아하는 색깔과 싫어하는 색깔이 있는 것처럼 말이에요. 게다가 우유만 먹으

면 설사를 하거나, 알레르기 때문에 음식을 못 먹는 경우도 있지요. 한두 가지 음식만 안 먹는 것이기 때문에 영양소 섭취에도 문제가 없고 성장에도 큰 문제가 없을 거예요. 이런 경우에는 싫어하거나 못 먹는 음식을 억지로 먹을 필요는 없어요.

하지만 문제없는 편식이라고 해도 편식하는 습관을 고치고 싶다면 이렇게 해 보세요. 싫어하는 음식을 조금씩 먹어 보면서 익숙해지는 거예요. 또 싫어하는 음식을 배고플 때 먹어 보거나, 새로운 방법으로 요리해서 먹어 보는 것도 도움이 되지요. 편식하지 않는 어린이가 가장 건강한 어린이라는 건, 말 안 해도 잘 알겠지요?

뉴스 속 용어 알기

편식하는 동물들은 영양실조에 안 걸리나요?

대나무 잎만 먹는 판다나 유칼립투스 잎만 먹는 코알라처럼 편식을 하는 초식 동물들은 어떻게 영양실조에 걸리지 않는 것일까요?

비결은 바로 소화 기관 속에 들어 있는 미생물이랍니다. 풀 속에는 탄수화물, 지방, 단백질로 변할 수 있는 재료가 들어 있어요. 사람이나 육식 동물은 이 재료를 이용할 수 없지만, 초식 동물은 소화 기관에 있는 미생물이 풀을 소화해서 단백질이나 지방으로 만들어요. 초식 동물은 미생물이 만든 영양소를 이용하는 거지요. 소는 위에, 말은 장에 필요한 미생물을 많이 갖고 있답니다.

유칼립투스 잎만 먹는 코알라

잘 못 먹는 병이 있다고요?

혹시 음식을 먹을 때마다 살이 찔까 봐 두렵나요? 그래서 끼니를 자주 거르고, 또 어떤 때는 너무 많이 먹고 후회한다고요? 만약 이런 일이 자주 일어난다면 '식사 장애'라는 병에 걸린 것일 수도 있어요.

자신이 뚱뚱하다고 생각하고 음식을 제대로 먹지 못하는 식사 장애는 치료해야만 하는 병이에요. 우리나라 청소년(중·고등학생) 10명 중 1명 이상이 식사 장애를 겪고 있을 정도로 흔하답니다. 특히 여학생은 100명 중 약 15명 정도가 식사 장애를 겪고 있지요.

식사 장애 중에서 '신경성 식욕 부진증'은 '거식증'이라고도 하는데, 살이 찌는 것이 무서워서 몸이 아주 말랐는데도 먹는 것을 거부하는 병이에요. '신경성 대식증'은 흔히 '폭식증'이라고도 해요. 엄청나게 먹고 나서 구토를 하거나 설사를 하게 하는 약을 먹거나 지나치게 운동을 하는 등 체중이 불어나지 않게 과도한 행동을 하는 거예요. '폭식 장애'는 갑자기 폭식을 반복적으로 하는 것으로 비만인 사람에게 흔히 나타난답니다.

식사 장애의 가장 큰 원인은 낮은 자존감으로 인한 우울증이에요. 자존감은 자신이 사랑받을 가치가 있는 소중한 존재라고 생각하는 마음이에요. 식사 장애는 몸과 함께 정신도 병들게 하므로 반드시 치료해야 해요.

다음의 식사 장애 테스트를 해 보고 혹시 식사 장애가 의심된다면 부모님이나 선생님과 이에 대해 꼭 이야기를 나눠 보세요. 식사 장애도 다른 병처럼 빨리 찾아내 치료할수록 부작용도 적고 빨리 나을 수 있답니다.

식사 장애 테스트

아래 항목 중 해당하는 것이 있는지 테스트해 보세요.
세 가지 이상 해당된다면 식사 장애일 수 있어요.

- 몸무게를 자꾸 줄이고만 싶다.
- 가족과 함께 밥을 먹기 싫다.
- 채소나 무지방, 제로 칼로리 음식만 먹게 된다.
- 살이 찔까 봐 자꾸 운동을 하게 된다.
- 쉽게 울적하거나 참을성이 없어지고 화가 쉽게 난다.
- 살이 찔까 봐 안 먹다가 참지 못하고 너무 많이 먹게 된다.
- 살이 찔까 봐 먹은 것을 토해 본 적이 있다.
- 살이 찔까 봐 변비약을 먹어 봤다.

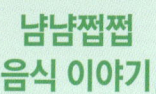

냠냠쩝쩝 음식 이야기

식생활 습관 점검해 보기

건강한 식생활, 어떻게 하면 되는지 잘 알았다면 건강한 식생활을 얼마나 실천하고 있는지 한번 점검해 볼까요? 음식을 골고루 먹고 있는지, 알맞은 양의 음식을 먹고 운동을 잘하고 있는지, 식사를 제때 싱겁게 하고 있는지 확인해 보는 거지요. 또한 간식을 안전하고 슬기롭게 선택하는지, 식사를 예의 바르게 하고 있는지도 살펴보아요.

옆의 표를 보고 자신에게 해당하는 내용에 표시한 뒤 점수를 더해 보세요. 38점 이상이면 건강한 식생활을 잘 실천하고 있는 거예요. 그러나 38점 미만으로 나왔다면 식생활 습관을 고쳐야 해요.

점수가 낮게 나온 친구들은 무엇을 고쳐야 하는지 맨 아래 빈 칸에 한번 써 보세요. 그리고 그걸 고치기 위해 노력하세요. 그렇게 하면 건강한 생활을 하는 데 분명 도움이 될 거예요. 올바른 식생활 습관은 건강의 기본이라는 것, 꼭 기억하세요!

잘함 = 3점, 보통 = 2점, 부족 = 1점

음식은 다양하게 골고루
- 편식하지 않고 골고루 먹습니다. (　)
- 끼니마다 다양한 채소 반찬을 먹습니다. (　)
- 생선, 살코기, 콩 제품, 달걀 등 단백질 식품을 매일 한 번 이상 먹습니다. (　)
- 우유를 매일 두 컵 정도 마십니다. (　)

많이 움직이고, 먹는 양은 알맞게
- 매일 한 시간 이상 적극적으로 신체 활동을 합니다. (　)
- 나이에 맞는 키와 몸무게를 알아서, 표준 체형을 유지합니다. (　)
- TV 시청과 컴퓨터 게임을 모두 합해서 하루에 두 시간 이내로 제한합니다. (　)
- 식사와 간식은 적당한 양을 규칙적으로 먹습니다. (　)

식사는 제때에, 싱겁게
- 아침밥은 꼭 먹습니다. (　)
- 음식은 천천히 꼭꼭 씹어 먹습니다. (　)
- 짠 음식, 단 음식, 기름진 음식을 적게 먹습니다. (　)

간식은 안전하고, 슬기롭게
- 간식으로 신선한 과일과 우유 등을 먹습니다. (　)
- 과자나 탄산음료, 패스트푸드를 자주 먹지 않습니다. (　)
- 불량 식품을 구별할 줄 알고 먹지 않으려고 노력합니다. (　)
- 식품의 영양 표시와 유통 기한을 확인하고 선택합니다. (　)

식사는 가족과 함께, 예의 바르게
- 가족과 함께 식사하도록 노력합니다. (　)
- 음식을 먹기 전에 반드시 손을 씻습니다. (　)
- 음식은 바른 자세로 앉아서 감사한 마음으로 먹습니다. (　)
- 음식은 먹을 만큼 담아서 먹고 남기지 않습니다. (　)

출처 : 식품의약품안전처

38점 이상 건강한 식생활을 잘 지키고 있어요!

38점 미만 식생활을 고쳐야 해요!

내가 노력해야 할 것은 무엇인가요?

4장 알고 먹어요, 음식

맛있는 음식은 생명을 유지해 줄 뿐만 아니라
우리에게 먹는 즐거움을 줘요. 우리는 평생, 매일매일 음식을 먹지요.
그런데 음식에 대해서는 얼마나 알고 있나요?
음식을 왜 요리하는지, 발효와 부패가 뭐가 다른지,
제철 음식, 병에 도움이 되는 음식 등 알고 먹으면 더 맛있고
더 건강해지는 흥미진진한 음식 이야기, 지금부터 시작할게요!

지글지글 보글보글, 요리는 왜 할까요?

밥 대신 딱딱한 쌀을 먹어 본 적 있나요? 익히지 않아 피가 뚝뚝 떨어지는 고기는요? 씹기도 힘든 생쌀에 물을 넣고 끓이면 보들보들 맛있는 밥이 돼요. 붉은 생고기에 갖은 양념을 해서 불에 지글지글 익히면 맛있는 불고기가 되지요. 이처럼 요리는 음식을 맛있게 먹기 위해서 하는 거예요. 그런데 요리를 통해서 음식이 맛만 좋아지는 것은 아니랍니다.

소화와 흡수를 도와주는 요리

음식을 불로 익히면 단백질과 탄수화물 조직이 파괴되어서 소화 기관이 음식을 더 쉽게 소화할 수 있고, 에너지를 얻기도 쉬워져요. 음식을 요리해서 먹는 사람의 소화 기관은 오랑우탄처럼 요리를 하지 않는 다른 영장류의 소화 기관에 비해 그 무게가 60퍼센트밖에 되지 않지요.

요리 방법에 따라 영양소를 더 잘 흡수하게 할 수도 있어요. 예를 들어 당근은 물에 삶아서 익히는 것보다 기름에 볶으면 당근 속에 들어 있는 지용성인 비타민 A를 더 많이 흡수할 수 있답니다.

다양한 요리 방법

음식을 불로 익히는 것만이 요리는 아니랍니다. 음식을 물에 씻어서 묻

어 있던 흙이나 세균을 없애는 것도 요리예요. 크기가 큰 재료를 잘라서 먹기 좋게 바꾸는 것도 요리지요. 소금으로 간을 하거나 설탕이나 식초 등을 넣어 더 맛있게 만들기도 해요. 생선에 레몬을 뿌려 비린내를 제거하거나 우유를 얼려 아이스크림을 만드는 등 음식의 향과 질감을 바꾸는 것도 모두 요리랍니다.

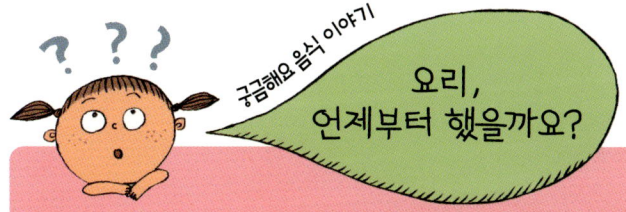

요리, 언제부터 했을까요?

인류가 언제부터 불을 이용해 요리를 시작했는지는 정확히 알려지지 않았어요. 인류 화석의 체중과 어금니 크기를 토대로 추측해 보면 인류는 약 160만 년 전부터 음식을 익혀 먹었을 것으로 예상되지요. 하지만 아직까지 그 시기에 불을 사용했다는 증거는 발견되지 않았답니다. 2012년 남아프리카공화국 원더워크 동굴에서 인류가 100만 년 전에 태운 뼛조각이 발견되었고, 2004년 이스라엘에서 79만 년 전에 사용한 부싯돌과 목재가 발견되기는 했어요. 하지만 인류가 불을 붙인 것인지 자연적으로 불이 난 것인지는 확실하게 밝혀지지 않았답니다.

탄 고기에 발암 물질이 있어요?

요리는 음식을 더 맛있고 소화하기 쉽게 해 주지만, 영양소를 파괴하거나 몸에 나쁜 성분을 만들 수도 있답니다.

수용성 비타민처럼 열에 약한 영양소는 요리 과정에서 파괴될 수 있어요. 그래서 수용성 비타민이 많은 채소는 날것으로 먹거나 끓는 물에 살짝 데치는 정도로 요리해서 먹는 경우가 많답니다.

고기를 익힐 때 발암 물질이 생길 수도 있어요. 삼겹살 구이나 갈비 구이, 스테이크처럼 고기를 불에 직접 익히는 요리를 할 때 200도가 넘는 높은 온도의 불에 고기를 직접 익히게 돼요. 그 과정에서 고기 속의 지방 성분이 타면서 '벤조피렌', '헤테로고리아민' 같은 발암 물질이 만들어지지요. 특히 불꽃이 고기에 직접 닿는 석쇠를 사용하는 경우 불판에서 구울 때보다 발암 물질이 최고 20배 이상 많이 생겨요.

보통은 고기가 타면 탄 부분만 잘라 내고 먹어요. 그러면 괜찮다고 생각하기가 쉽지요. 하지만 발암 물질이 기름에 녹아 고기 전체에 묻기 때

불에 탄 고기

문에 탄 부분을 잘라 내도 소용이 없답니다. 또 고기를 구울 때 나오는 연기에는 '아세트알데히드', '일산화탄소' 등 유해 물질과 미세 먼지까지 들어 있어요. 이와 비슷한 원리로 고온으로 식품을 익히는 튀김 요리도 발암 물질이 생길 수 있으므로 주의해야 한답니다.

뉴스속용어 알기
전자레인지는 영양소를 파괴하나요?

전자레인지로 음식을 요리하면 영양소가 파괴된다는 이야기가 많아요. 결론부터 말하면 전자레인지로 요리를 해도 음식 속 영양소는 파괴되지 않는답니다. 오히려 전자레인지로 요리하는 것이 채소 속의 항산화 물질(산소가 너무 과도하게 작용하면 세포에 독으로 작용하는데, 이를 막아 주는 물질)을 덜 파괴한다고 해요.

2009년 스페인 무르시아대학교의 과학자들이 20가지 채소를 삶기, 높은 압력으로 요리, 오븐으로 굽기, 전자레인지로 익히기, 쇠로 된 판에 기름 없이 익히기, 기름에 튀기기 등 6가지 방법으로 요리하는 것이 채소 속의 항산화 물질에 어떤 영향을 미치는지를 조사했어요. 그 결과 쇠로 된 판에 기름 없이 익히거나 전자레인지로 익혔을 때 항산화 물질이 가장 많이 남아 있었어요. 전자레인지로 데운 인스턴트 음식을 자주 많이 먹는 것은 몸에 나쁘지만, 전자레인지 자체는 좋은 요리 도구랍니다.

부패 vs 발효

식빵에 곰팡이가 생긴 걸 본 적 있나요? 곰팡이가 생기면 그 빵은 어떻게 하나요? 당연히 먹을 수 없으니 버리겠죠. 하지만 콩을 삶아 으깨어 만든 메주에 곰팡이가 생기면 된장이나 고추장, 간장을 만드는 재료가 돼요. 이 둘의 차이가 바로 '부패'와 '발효'랍니다.

부패와 발효는 모두 미생물에 의해 분해가 일어나는 과정이에요. 하지만 분해 결과 우리 생활에 유용한 물질이 만들어지면 발효, 사용할 수 없게 되거나 몸에 나쁜 물질이 만들어지면 부패라고 하지요. 우리가 즐겨 먹는 김치나 된장, 고추장, 요구르트, 치즈 등은 모두 발효로 만든 음식이에요.

자주 이용되는 발효로는 알코올 발효와 젖산 발효가 있어요. 알코올 발효는 효모가 포도당을 분해해서 알코올을 만드는 반응이에요. 대표적인 알코올 발효 음식으로는 막걸리와 맥주 등이 있지요. 젖산 발효는 김치나 된장은 물론 요구르트나 치즈를 만드는 발효예요. 젖산균이 포도당을 분해해서 젖산을 만들어 내 새콤한

발효가 잘 된 메주로는 된장을 만들 수 있어요.

맛이 난답니다.

　발효라고 하면 아주 오랜 시간이 걸리는 것으로 생각하기 쉽지만 효모로 식빵이나 호빵을 만들 때처럼 짧은 시간에 발효하는 경우도 있어요. 또 부패가 쓸모 있는 발효로 바뀌거나, 발효가 너무 많이 되면 부패가 될 수도 있지요.

　음식물 쓰레기에 미생물을 넣어 에너지로 사용할 수 있는 메탄가스를 만드는 일도 쓸모없던 부패가 쓸모 있는 발효로 바뀐 좋은 예입니다.

곰팡이 핀 빵은 부패되어 먹을 수 없어요.

우리 몸속에서 발효가 일어난다고요?

젖산 발효는 우리 몸속에서도 일어나요. 100미터 달리기를 하고 나서 숨을 거세게 쉬어 본 적이 있나요? 숨을 거세게 쉬는 이유는 에너지를 내는 데 필요한 산소를 빨리 들이마시기 위해서예요. 빠르게 달리기를 할 때 많은 에너지가 필요하거든요.

그런데 달리는 동안 사용하는 에너지의 양이 '산소 호흡'으로 만든 에너지의 양보다 크면 우리 몸은 모자라는 만큼을 산소 없이 에너지를 만드는 '무산소 호흡'을 통해 만들어 내요. 이때 우리 몸에서 일어나는 무산소 호흡이 바로 젖산 발효와 같답니다. 무산소 호흡으로 생긴 젖산은 피로를 느끼게 하는 물질로, 젖산이 근육에 너무 많이 쌓이면 근육통을 느낄 수도 있어요.

우리나라 대표 발효 식품, 김치

배추김치

파김치

나박김치

오이소박이

동치미

친구들은 김치를 좋아하나요? 한국 사람이라면, 밥 먹을 때 꼭 있어야 하는 게 김치지요. 김치는 우리나라 대표 발효 식품이에요. 배추김치, 열무김치, 파김치, 깍두기, 물김치, 나박김치, 동치미, 보쌈김치, 부추김치, 깻잎김치, 오이소박이, 갓김치 등 종류도 무척 다양해서 200여 종이 넘는 김치가 있지요.

김치를 만드는 방법은 생각보다 간단해요. 채소를 소금에 절였다가 씻은 뒤, 각종 양념을 해서 발효시키면 김치 완성! 이때 김치를 발효시키는 균은 젖산균인데, 유산균이라고도 해요.

젖산균을 따로 넣지 않았는데도 젖산균이 김치를 발효시킬 수 있는 건 채소를 소금에 절이는 과정 덕분이에요. 소금에 절일 때 대부분의 미생물은 죽지만 염분에 잘 견디는 젖산균은 살아남거든요. 김치를 양념한 후에 무거운 김칫돌로 꾹꾹 눌러 공기를 빼는데 그 이유는 김치에 사는 젖산균이 산소를 싫어하기 때문이에요. 이런 과정을 거쳐 젖산균이 발효를 통해 젖산을 만들어 내면 상큼하고 시원한 맛이 일품인 김치가 된답니다.

젖산은 몸 안에서 소화 효소가 잘 나오게 돕고, 유해한 세균의 번식을 억제하며, 소화된 음식물이 잘 배설될 수 있도록 도와줘요. 또 발암 물질이 만들어지는 것도 막고, 발효되는 과정에서 비타민을 2배 가까이 높이기도 하지요. 자랑스러운 우리 김치, 더 잘 알고 더 맛있게 먹자고요!

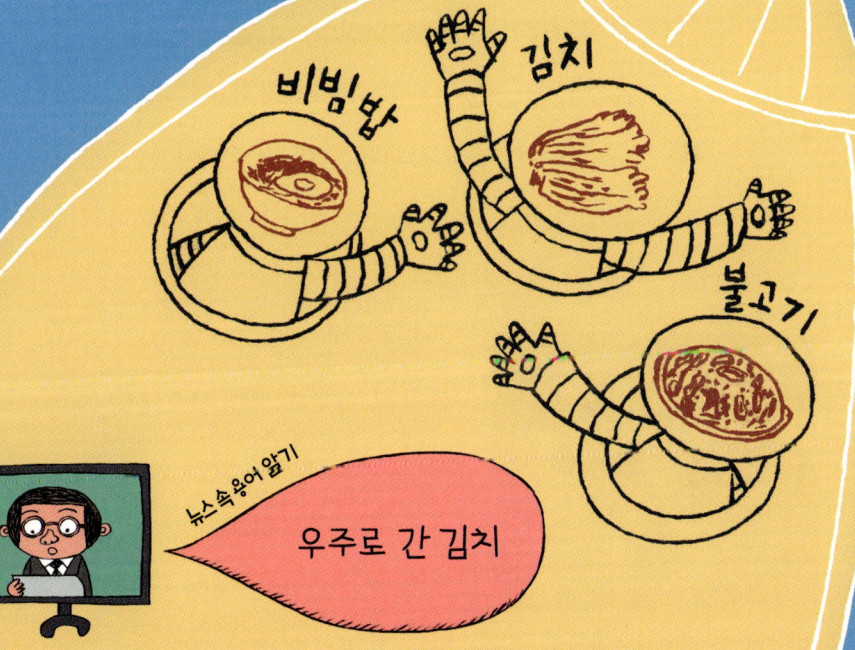

뉴스 속 용어 알기
우주로 간 김치

김치는 물론 비빔밥, 불고기, 미역국 등 한식이 국제우주정거장의 우주인을 위한 우주 식품으로 개발되어 우주로 가고 있어요. 우주 식품이 되기 위해서는 미국항공우주국(NASA)이나 러시아 과학원 생의학문제연구소(IBMP)의 인증을 받아야 하지요.

한식 우주 식품은 2008년 4월 한국 첫 우주인 이소연 씨가 국제우주정거장에서 먹었던 김치, 라면, 수정과, 생식바와 2010년 개발한 비빔밥, 불고기, 미역국, 오디 음료 그리고 2011년 개발한 부안 참뽕 바지락죽, 부안 참뽕 잼, 상주 곶감 초콜릿, 당침 블루베리, 단호박죽, 카레밥, 닭죽, 닭갈비, 사골우거지국을 포함해 총 17종이나 된답니다.

배가 아파요, 식중독

하루 종일 화장실에 들락날락 설사는 물론 괴로운 구토에 복통, 발열까지, 무서운 식중독에 걸려 본 적 있나요? 식중독은 부패된 음식이나 독성 물질이 있는 음식을 먹으면 걸리지요.

식중독은 세균 자체에 의한 감염이나 세균에서 만들어진 독소가 증상을 일으켜요. 자연계에 존재하는 자연 독이나 인공적인 화학물이 식중독 증상을 일으키기도 하지요.

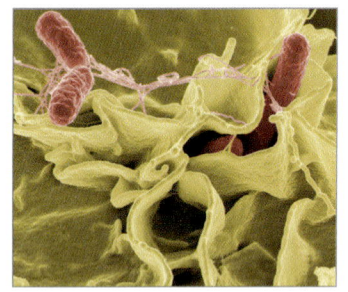

식중독을 일으키는 살모넬라 균 (분홍색)

대부분의 식중독은 구토나 설사로 부족해진 수분을 보충하는 정도의 치료만으로도 저절로 회복이 돼요. 구토나 설사를 억지로 멎게 하기보다는 몸에 나쁜 균이 구토나 설사로 충분히 빠져나올 수 있게 하는 것이 좋지요. 하지만 대변에 피가 섞여 나오거나 열이 심하게 나는 경우에는 항생제를 먹는 치료가 필요한 경우도 있어요.

무엇보다 식중독에 걸리기 전에 예방하는 게 좋겠지요? 식중독을 예방하기 위해서는 뜨거운 음식은 60도 이상으로, 찬 음식은 4도 이하로 보관해야 해요. 4도에서 60도의 온도가 식중독을 일으키는 균이 활동하기 좋은 온도이기 때문이지요. 또 음식을 요리하거나 보관, 저장할 때는 반드시 손을 씻어야 한답니다.

대피소

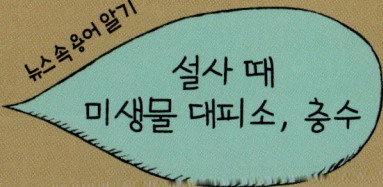

뉴스 속 용어 알기
설사 때 미생물 대피소, 충수

충수는 맹장에 붙어 있는 작은 관으로, 우리가 흔히 맹장염이라고 **부르는** 병이 사실은 충수염이에요. 충수는 오랫동안 쓸모없는 기관이라고 생각되었어요. 그래서 병에 걸리지 않았는데도 떼어내기도 했지요.

그런데 충수는 설사병이 일어났을 때 미생물들이 대피하는 대피소 역할을 해요. 식중독과 같이 큰창자 속에 대혼란이 일어나는 병에 걸리면 큰창자 속의 미생물을 밖으로 버리기 위해 설사가 일어나요. 이때 큰창자에 살던 유익한 미생물은 충수에 숨어 있다가 장 속의 미생물이 모두 비워지고 나면 나와서 나쁜 미생물들보다 먼저 장 속을 차지한답니다.

유익한 미생물을 위한 대피소까지 있다니, 우리 몸은 정말 신비롭지요?

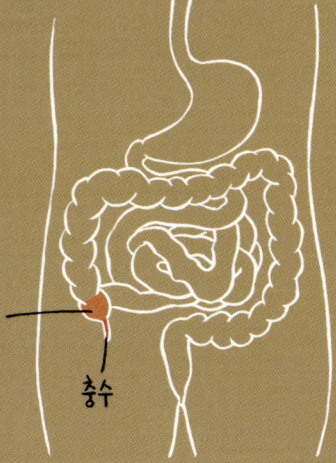

맹장
충수

가공식품이 뭘까요?

비닐에 포장된 쌀은 물론 전자레인지에 데우면 바로 먹을 수 있는 밥, 끓이거나 물만 부으면 먹을 수 있는 라면, 종이팩에 든 우유, 캔에 든 참치나 햄, 비닐에 포장된 두부, 페트병에 담긴 음료수 등 우리는 다양한 가공식품에 둘러싸여 살고 있어요. 슈퍼나 마트에 파는 식품 중 요리의 재료로 사용하는 원료 그대로의 채소나 과일, 해산물과 고기 외의 식품은 대부분 가공식품이지요.

가공식품은 식품의 원료인 농산물이나 축산물, 수산물을 먹기 편하게 가공하는 것은 물론 더욱 오래 보관할 수 있게 만든 식품을 말해요. 가공식품과 비슷한 의미로 사용되는 인스턴트 식품은 가공식품의 한 종류로 짧은 시간에 손쉽게 조리할 수 있는 식품을 말하지요. 또 딸기 잼처럼 집

진열대에 놓인 다양한 가공식품들

에서 만든 것과 별로 다를 게 없더라도 공장에서 만든 것이라면 가공식품이라고 할 수 있어요.

　먹기 편하고 오래 보관할 수 있는 가공식품이지만 너무 많이 이용하지 않도록 주의해야 해요. 가공을 할 때 오랫동안 보관하기 위해서 혹은 보기 좋은 색깔을 내기 위해서 화학 물질을 넣는 경우가 많은데, 이 화학 물질을 너무 많이 먹으면 건강에 좋지 않거든요. 또 가공식품을 포장하는 비닐이나 플라스틱은 환경 오염의 원인이기도 해요. 가능하면 가공식품보다는 신선한 재료로 집에서 만든 음식을 먹는 것이 더 좋답니다.

궁금해요 음식 이야기 — 전쟁과 함께 발전한 가공식품

가공식품의 대표인 통조림은 전쟁 때문에 만들어졌어요. 나폴레옹 전쟁 때문에 식량이 부족해진 프랑스는 방부제 없이 식품을 오랫동안 보관할 수 있는 방법을 개발하는 사람에게 상금을 주겠다고 했어요. 이를 본 '니콜라스 아베르'는 1809년, 입구가 넓은 유리병에 식품을 넣은 채로 병을 끓는 물에 담가 익혀서 균을 죽게 한 후, 뜨거울 때 코르크 마개로 단단히 밀봉하는 방법을 개발했답니다. 물론 아베르는 1만 2000프랑의 상금을 받았다고 해요.
그 후 1810년에 영국의 '피터 듀런드'는 쉽게 깨지는 유리병 대신에 양철을 사용하는 방법을 고안했어요. 이 양철 용기를 틴 캐니스터(tin canister)라고 불렀는데, 이 말이 줄어서 캔(can)이 되었답니다.

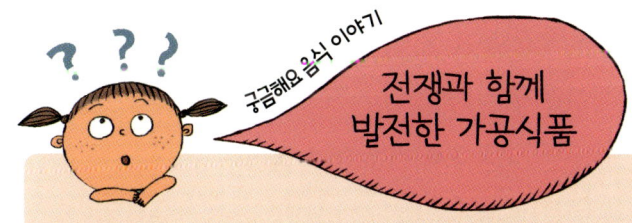

유리병 → 틴 캐니스터 → 캔

헷갈려요, 유기농과 무농약과 저농약

유기농 마크

무농약 마크

무항생제 마크

유기농 하면 뭔가 몸에 좋을 것 같은 기분이 들지요? 그런데 유기농이 무엇인지 정확하게 알고는 있나요? 그렇다면 무농약이나 저농약은요? 유기농이란 말을 많이 쓰고 있지만 막상 유기농이 무엇인지 물어보면 쉽게 대답할 수 있는 사람은 많지 않을 거예요.

우리나라에서는 친환경 농산물을 '유기 농산물', '무농약 농산물', '저농약 농산물' 이렇게 세 가지로 구분해서 표시하고 있어요. 유기 농산물은 농약과 화학 비료를 전혀 사용하지 않고 키운 농산물이에요. 무농약 농산물은 농약은 전혀 쓰지 않고 화학 비료는 권장량의 1/3 이내로 조금만 사용해서 키운 농산물이지요. 저농약 농산물은 농약과 화학 비료를 권장량의 1/2 이내로 사용한 농산물을 말

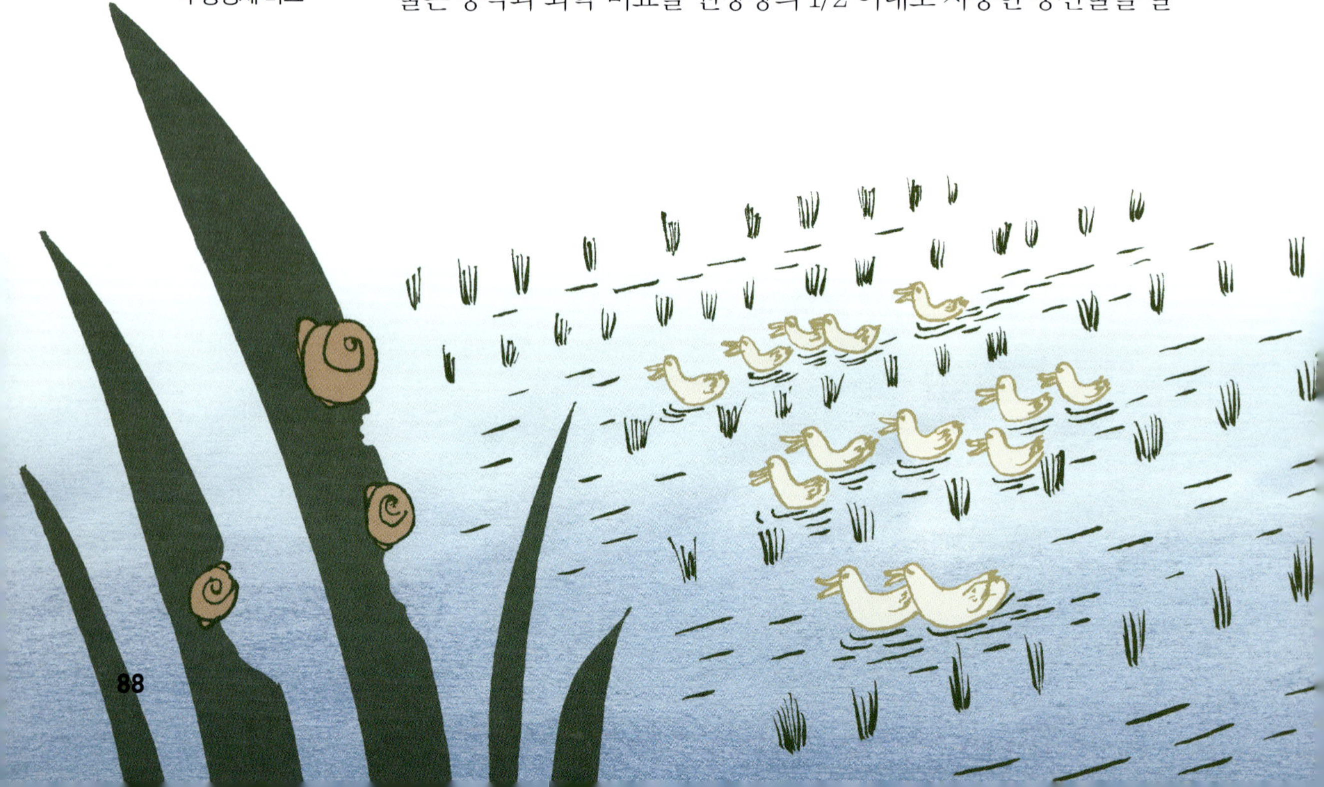

합니다. 2016년부터 저농약 농산물은 없어지고 유기 농산물과 무농약 농산물 인증으로 단순하게 바뀐다고 해요. 쉽게 정리하면 유기농〉무농약〉저농약 순으로 유기농이 가장 친환경적인 농산물인 거예요.

소나 돼지, 닭 등의 축산물도 친환경 인증을 하고 있는데, '유기 축산물'과 '무항생제 축산물' 인증 두 가지가 있어요. 유기 축산물은 항생제나 항균제를 사용하지 않은 것은 물론 인증 기준에 맞게 재배하고 생산된 유기 사료를 먹여서 기른 축산물이에요. 무항생제 축산물은 항생제나 항균제를 사용하지 않고 무항생제 사료를 먹여서 기른 축산물이랍니다.

친환경 농축산물 인증, 이제 제대로 알고 선택할 수 있겠지요?

뉴스 속 용어 알기

오리가 농사를? 오리 농법과 왕우렁이 농법

오리 농법과 왕우렁이 농법은 오리나 왕우렁이를 이용해 농사를 짓는 것을 말해요. 오리와 왕우렁이가 도대체 어떻게 농사를 짓는 걸까요? 오리와 왕우렁이가 벼농사를 짓는 논에서 벼가 아닌 잡초를 먹는 특성을 이용하는 것이랍니다. 또 오리와 왕우렁이가 잡초를 먹고 만든 배설물은 자연 비료의 역할도 하니 일석이조이지요.

오리를 이용한 농사법

고기는 NO! 채식주의

 채식 혹은 채식주의 하면 무엇이 생각나나요? 고기를 먹지 않고 채소나 과일 같은 식물성 음식만 먹는 것이라고 생각하고 있나요? 사실 채식에는 여러 종류가 있답니다. 채소만 먹는 채식부터 달걀이나 우유는 먹거나, 생선이나 닭고기까지는 먹는 채식도 있지요.
 그렇다면 채식을 하는 사람들은 맛있는 고기를 도대체 왜 안 먹는 걸까요? 이유는 사람마다 다르지만 건강을 위해서인 경우도 있고, 동물과 환경을 보호하기 위해서인 경우도 있어요. 스님처럼 종교적인 이유로 채식을 하는 경우도 있지요. 제레미 리프킨의 《육식의 종말》이라는 책을 보면, 인간의 육식을 위해 키워지는 전세계 12억 8000마리의 소들이 전세계 토지의 24퍼센트를 차지하고 있으며, 미국의 경우 곡물의 70퍼센트를 가축이 먹어치운다고 해요. 반대로 리어 키스의 책 《채식의 배신》을 보면, 채식의 의도는 좋지만 건강을 위해 혹은 환경 오염의 해결책으로 채식을 하는 것은 잘못된 것이라며 채식보다 더 나은 대안을 찾을 수 있다고 하지요.
 육식이냐 채식이냐 잡식이냐는 누구도 강요할 수 없는 것이며 무엇을 먹을지는 자신이 결정하는 거예요. 하지만 무엇을 먹을 것인가 생각하며, 건강과 환경을 한 번 더 생각해 보는 것은 의미 있는 일이겠지요?

대규모로 사육되는 소들이 온실 가스 증가에 영향을 주고 있어요.

비건
동물에게서 나온 혹은 동물 실험을 거친 음식도 먹지 않고 채식만 하는 가장 엄격한 단계.

락토
채식을 하면서 유제품은 먹는 단계.

락토오보
채식을 하면서 달걀이나 우유, 꿀처럼 동물에게서 나오는 음식까지는 먹는 단계.

페스코
채식을 하면서 어패류는 먹는 단계.

폴로
채식을 하면서 닭과 같은 조류의 고기는 먹는 단계.

보기에 좋고 몸에도 좋은 컬러 푸드

　빨간 토마토, 노란 호박, 초록 채소, 보라 포도, 검은 콩과 깨, 하얀 마늘과 양파……. 컬러 푸드는 말 그대로 다양한 색의 음식을 말해요. 형형색색 예쁜 음식을 골고루 먹으면 건강에도 좋아요.
　빨간색을 내는 색소는 라이코펜이에요. 특히 토마토에 많이 들어 있는데, 암을 예방해 주고 면역력을 높여 줘요. 또 혈관을 튼튼하게 하지요. 유럽 속담에 '토마토가 빨갛게 익으면 의사 얼굴이 파랗게 된다.'는 말이 있어요. 토마토를 먹으면 의사가 없어도 될 정도로 건강이 좋아진다는 의미지요. 당근이나 호박, 고구마, 감과 같은 노란색 혹은 주황색 식품에는 카로티노이드가 들어 있어요. 면역력을 높이고 암을 예방해 주지요. 녹색의 엽록소는 피로를 없애 주고, 노화를 예방해요. 포도나 블루베리, 검은콩과 검은깨에 많은 안토시아닌은 농도가 낮으면 붉게, 진하면 보라색 혹은 검은색으로 보이는 색소예요. 안토시아닌도 면역력을 높이고 노화를 막아 준답니다. 마늘이나 양파, 무처럼 흰색 음식에는 플라보노이드가 들어 있어요. 몸에 나쁜 물질을 몸 밖으로 내보내고, 세균과 바이러스를 이길 힘을 주지요.
　이렇게 알록달록한 천연 색소들은 우리 몸에 아주 이로워요. 인공 색소로도 똑같은 색을 만들 수 있지만 그 효과까지 똑같이 만들어 낼 수는 없지요. 인공 색소가 들어간 음식은 가능하면 먹지 않는 것이 좋다는 것, 기억하세요.

Color Food

Red

Yellow

Green

Violet

White

제철에 가장 맛이 좋은 제철 음식

봄
쑥, 매실, 딸기, 취나물, 냉이, 참다랑어

여름
고구마, 복숭아, 수박, 토마토, 옥수수, 감자, 참외

가을
감, 무, 사과, 대하, 배, 굴, 배추

겨울
우엉, 한라봉, 꼬막, 귤, 과메기

특정한 시기나 계절에만 얻을 수 있는 채소, 과일, 해산물 등으로 만든 음식을 제철 음식이라고 해요. 열매가 맺히는 시기이거나 한창 살이 올라서 맛이 좋은 시기가 제철이지요.

나물은 부드러운 새순이 나는 시기가 제철이에요. 생선은 알을 낳을 시기가 되어 살이 통통하게 올랐을 때가 제철이고요. 반대로 조개는 알을 낳는 시기에는 독성이 있어서 피해야 하지요. 과일은 열매를 맺는 시기가 바로 제철이에요.

물론 요즘에는 한겨울에도 수박을 맛볼 수 있고 한여름에도 귤을 먹을 수 있어요. 일부러 따뜻한 환경을 만들어 주는 '하우스'에서 농사를 짓거나 성장 촉진제를 쓰면 열매 맺는 시기를 조절할 수 있지요. 하지만 제철이 아닌 때에 재배된 농산물은 제철일 때보다 신선도가 떨어지며 맛이 덜한 것은 물론이고 가격도 비싸답니다.

오늘은 제철 음식으로 입맛을 돋우어 보는 건 어떨까요?

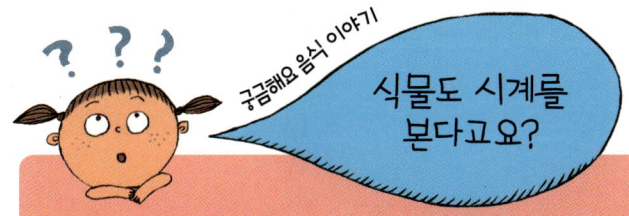

궁금해요 음식 이야기

식물도 시계를 본다고요?

식물이 알맞은 때에 꽃을 피우고 제철에 열매를 맺을 수 있는 이유는 식물이 계절을 구분할 수 있기 때문이에요. 식물도 밤과 낮, 하루를 구분하는 생물 시계를 갖고 있어요. 이 생물 시계를 이용해 낮의 길이 변화를 판단하고 기온 정보를 더해서 계절의 변화를 알아차려요.

식물 중에는 낮이 길어질 때 꽃을 피우는 식물과 낮이 짧아질 때 꽃을 피우는 식물, 낮의 길이와 상관없이 꽃을 피우는 식물이 있어요. 봄에 꽃이 피는 개나리, 진달래 등은 낮이 길어지면 꽃을 피우는 식물이고, 코스모스, 국화 등 가을에 피는 꽃은 낮이 짧아지면 꽃을 피우는 식물이랍니다.

지역을 살리는 로컬 푸드

피곤해~

출발

도착

음식을 먹을 때 원산지를 확인해 본 적이 있나요? 오늘 아침에 마신 오렌지 주스는 미국 캘리포니아에서 왔다네요. 어제 저녁에 먹은 포도는 칠레에서 왔고요. 수천 혹은 수만 킬로미터 떨어진 한국까지 참 멀리도 왔지요?

우리나라에서 생산하는 귤보다 더 많이 먹는 것으로 나타난 수입 과일 바나나

먼 곳에서 오는 식품은 배나 비행기를 타고 오면서 화석 연료를 많이 써서 온실가스를 많이 만들어요. 또 먼 곳에서 온 만큼 신선도가 떨어지지요. 그뿐만 아니라 오랜 시간 운송되는 동안 상하지 않도록 방부 처리를 하는데, 간혹 건강에 좋지 않은 성분을 방부 처리에 사용한 것으로 밝혀지기도 하지요.

그러나 내가 사는 지역에서 나는 '로컬 푸드'를 이용하면 이런 걱정을 할 필요가 없어요. 식품을 수송하는 거리가 짧아 더 신선하고, 우리 지역 농민들의 경제에도 큰 보탬이 된답니다.

농촌진흥청의 연구에 따르면 로컬 푸드를 학교 급식에 적극 활용한 학교는 학생들에게 더 바람직한 급식을 제공한다고 해요. 로컬 푸드를 학교 급식에 적극 이용한 학교는 그렇지 않은 학교보다 급식에 과일이나 나물이 더 많이 나오고 수입 과일과 튀김류가 나오는 횟수는 더 적은 것으로 나타났답니다.

그렇다고 로컬 푸드만을 고집하라는 것은 아니에요. 지역에서 생산할 수 있는 농축수산물의 종류에 한계가 있는 만큼 식탁을 풍성하게 하기 위해 세계 각지의 식품도 먹어야 하지요. 다만 지역 농산물의 귀중함과 소중함을 깨닫고 지구촌 먹거리의 다름을 인정하며 적절하게 먹을 때 우리 밥상은 더욱 풍요롭고 건강해질 거예요.

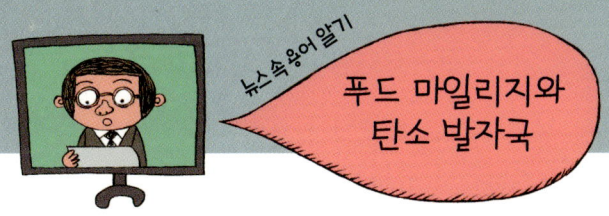

뉴스 속 용어 알기
푸드 마일리지와 탄소 발자국

비행기를 타고 멀리 갈수록 쌓이는 마일리지가 많듯 식품도 먼 나라에서 온 것일수록 마일리지가 많아져요. '푸드 마일리지'는 식품의 수송량에 수송 거리를 곱한 수치예요. 푸드 마일리지가 높으면 운송에 따른 온실가스 배출이 많다는 의미로 환경에 미치는 영향을 평가하는 지표로 사용되지요.

비슷한 의미로, 생산부터 소비까지 얼마나 많은 이산화탄소를 만들어 내는지를 양으로 표시한 '탄소 발자국'도 있어요. 음식을 선택할 때 푸드 마일리지나 탄소 발자국도 한번 고려해 보세요. 푸드 마일리지나 탄소 발자국이 적을수록 친환경적인 식품이라는 의미랍니다.

먹기 전에 손은 씻었나요?

배도 너무 고프고 정말 맛있는 음식이라서 지금 당장 먹고 싶다고 해도 먼저 해야 할 것이 있어요. 바로 손 씻기랍니다. 음식을 먹기 전에는 반드시 손을 깨끗하게 씻어야 해요. 손은 우리 몸에서 가장 많은 일을 하는 부위이자 가장 더러운 곳이기 때문이에요.

손바닥에는 평균 150종류의 세균이 산다고 해요. 또 호흡을 통해 바이러스나 세균이 옮는 것보다 손을 통해 병균이 옮아서 병에 걸리는 경우가 더 많다고 하지요.

손에 가장 많이 사는 세균은 '황색포도상구균'이에요. 식중독은 물론이고 피부염, 중이염, 방광염 같은 병을 일으키는 못된 균이지요. 황색포도상구균이 음식이나 우리 몸의 큰창자에서 번식하면서 '장독소'라는 물질을 만드는데, 장독소는 심한 구토나 복통을 일으키는 물질이에요. 더구나 황색포도상구균은 섭씨 100도 이상에서 오랫동안 가열해도 쉽게 죽지 않아요. 이외에도 손에는 대장균이나 살모넬라균 등 식중독을 일으킬 수 있는 여러 종류의 병균들이 살고 있지요.

그렇다고 너무 걱정하지는 마세요. 손만 잘 씻어도 병에 걸릴 일이 70퍼센트 이상 줄어들거든요. 손을 물로만 깨끗이 씻어도 손에 살고 있는 세균의 대부분이 사라져요.

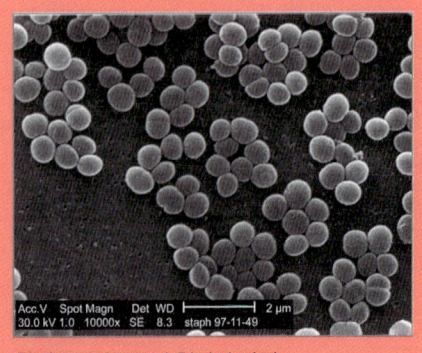

황색포도상구균의 현미경 사진

뉴스 속용어 알기

올바른 손 씻기로 건강을 지켜요!

식품의약품안전처에서 손 씻기로 세균을 얼마나 없앨 수 있는지 실험을 해 봤어요. 손에 대장균을 일부러 묻히고 5분간 둔 후 비누로 손 씻기, 손 소독제로 손 씻기, 물로만 손 씻기를 했지요. 그 결과 비누로 손을 씻은 경우 세균이 99퍼센트 없어졌어요. 손 소독제의 경우 98퍼센트, 물로만 씻어도 93퍼센트의 세균이 없어졌답니다.

손을 씻을 때는 올바른 손 씻기 방법으로 손의 구석구석을 꼼꼼하게 씻는 것이 무척 중요해요. 6단계의 구석구석 손 씻기 방법으로 깨끗한 손 만들고 건강도 지키세요.

① 손바닥과 손바닥을 마주 대고 문질러 줍니다.

② 손가락을 마주 잡고 문질러 줍니다.

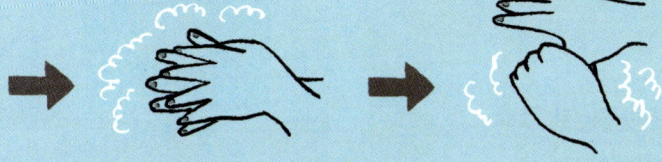

③ 손등과 손바닥을 마주 대고 문질러 줍니다.

④ 엄지 손가락을 다른 면 손바닥으로 돌려주면서 문질러 줍니다.

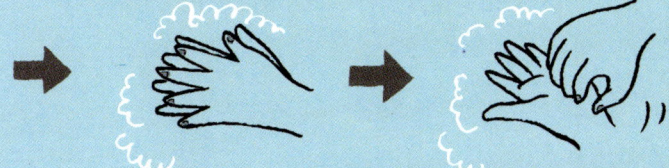

⑤ 손바닥을 마주 대고 손깍지를 끼고 문질러 줍니다.

⑥ 손가락을 반대편 손바닥에 놓고 문지르며 손톱 밑을 깨끗하게 합니다.

치카치카 양치질, 알고 하나요?

음식을 먹은 후에 양치질을 하나요? 한다면 어떻게 하나요? 양치질을 제대로 하고 싶다면 3·3·3법을 지키면 돼요. 충치를 일으키는 무탄스균은 식후 3분 동안 가장 왕성하게 활동해요. 따라서 하루 세 번 아침 점심 저녁을 먹은 후 3분 이내에 이를 닦아야 하지요. 또 음식 찌꺼기는 곳곳에 끼기 때문에 한 번에 최소 3분 이상 정성들여 이를 닦아야 한답니다.

칫솔은 치아를 두세 개 정도 덮을 수 있는 크기의 머리에 솔이 너무 단단하지도 부드럽지도 않은 게 좋아요. 또 칫솔은 2~4개월마다 새것으로 바꿔 주는 것이 좋지요.

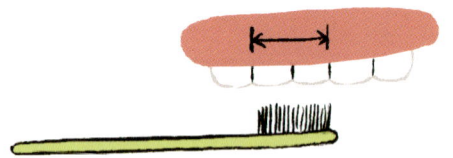

칫솔 머리의 크기는 치아 두세 개 정도가 적당해요.

칫솔모가 구부러진 칫솔은 새것으로 바꿔 주세요.

이를 닦을 때는 칫솔을 가볍게 잡고 칫솔모를 치아 뿌리에 45도 각도로 댄 다음 한 치아에 20번 정도씩 작은 원을 그리면서 닦도록 해요. 윗니를 닦을 때엔 윗니의 잇몸 쪽에서 아랫니 방향으로, 아랫니는 아래쪽 잇몸에서 윗니 쪽으로 원을 그리면 되지요. 또 앞니의 안쪽은 칫솔을 곧바로 넣은 다음 치아를 따라 큰 원을 그리듯 훑어내고 어금니의 씹는 면은 칫솔을 앞뒤로 움직이며 닦아 주면 완벽하지요!

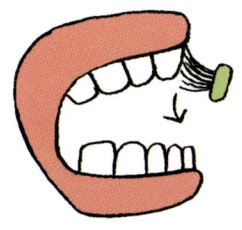
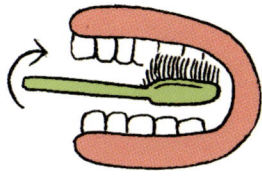
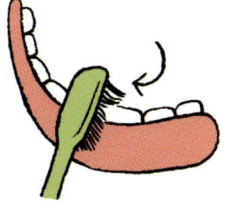
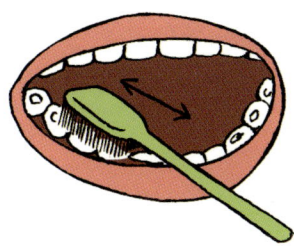

칫솔모를 45도 각도로 대요.

20번씩 작은 원을 그리며 닦아요.

이의 안쪽은 훑어내듯이 닦아요.

어금니의 씹는 면은 앞뒤로 움직이며 닦아요.

만약 음식을 먹은 후 바로 양치질을 할 수 없는 상황이라면 젤리나 과자, 떡과 같이 치아에 쉽게 달라붙는 음식은 피하는 게 좋아요. 또 음식이 치아 사이에 끼었을 때는 잇몸을 다치게 하는 이쑤시개보다는 치실을 사용하는 것이 좋답니다.

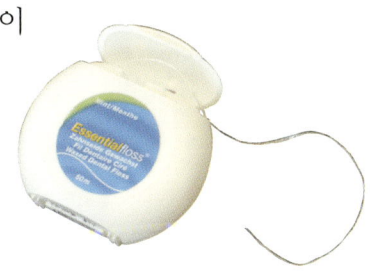

치실은 이 사이를 깨끗이 하기 위한 가는 실이에요.

궁금해요 음식 이야기

탄산음료 마셨을 땐 30분 후에!

보통 음식을 먹은 후에는 3분 이내에 양치질을 해야 해요. 하지만 탄산음료를 마신 후에는 바로 양치질을 하지 말고 30분~1시간 정도 후에 양치질을 해야 한답니다.
탄산음료는 보통 피에이치 2.5~3.5의 강한 산성이기 때문에 치아를 보호하는 법랑질을 쉽게 손상시켜요. 그런데 치약에는 치아 표면을 갈아서 깨끗하게 만드는 연마제가 들어 있지요. 다시 말해, 탄산음료를 마신 뒤 바로 양치를 하는 것은 치아 표면에 상처를 내 놓고 연마제로 갈아 내는 것과 같아요. 그래서 탄산음료를 마신 다음에는 산성 성분이 사라지도록 기다린 뒤에 양치질을 해야 한답니다.

즐거운 식사를 위해 예절을 지켜 주세요

음식을 맛있게 먹으면 그만이라고 생각하나요? 하지만 식사를 즐겁게 하기 위해서는 서로 지켜야 할 것이 있어요. 바로 식사 예절이지요.

나라마다 다르지만 서로 공통적으로 지켜야 하는 예절은 비슷해요. 음식을 먹을 때 쩝쩝거리는 소리 내지 않기, 음식을 입에 가득 넣은 채로 말하지 않기, 음식을 뒤적거리지 않기, 식사 중에 상대방에게 불쾌감을 느끼게 하는 행동이나 말 하지 않기 등이 있지요.

우리나라의 경우 어른에게 지켜야 하는 식사 예절이 많아요. 어른보다 먼저 숟가락과 젓가락을 들어서는 안 되고, 어른이 식사를 마치고 일어서기 전까지는 자리에서 일어나면 안 돼요. 또 어른에게 음료를 따를 때

에는 두 손을 사용해야 하지요.

이외에도 국과 밥을 놓을 때는 밥 오른쪽에 국을 놓고, 국 오른쪽에 수저를 놓아야 해요. 그릇을 손에 들고 먹는 것은 예의에 어긋나는 행동이에요. 밥과 국은 숟가락으로 먹고, 수저를 밥이나 국그릇에 꽂아 두어서는 안 된답니다.

우리나라에서는 밥상에서 코를 푸는 것은 예의에 어긋나는 행동이에요. 그런데 재미있게도 코가 큰 서양 사람들은 식탁에서 코를 푸는 것이 예의에 어긋나는 행동이 아니라고 해요. 코가 큰 만큼 콧물도 많이 나오기 때문인데, 코를 풀지 않고 훌쩍거리는 것이 더 예의에 어긋나는 행동이라는 거지요. 외국으로 여행을 갈 때는 그 지역의 식사 예절을 미리 알아보고 가는 것도 좋겠네요.

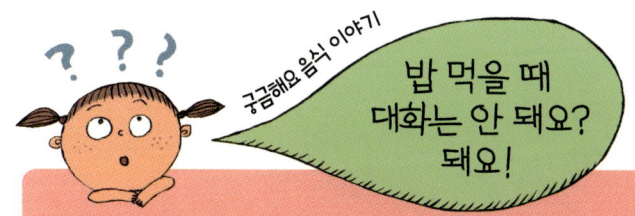

궁금해요 음식 이야기

밥 먹을 때 대화는 안 돼요? 돼요!

조선 시대에는 밥을 먹으면서 말을 하면 안 된다는 '식불언(食不言)'이 식사 예절의 하나였어요. 많은 가족이 함께 살지만 가족의 수에 비해 부족한 식기와 밥상으로 식사를 해야 했기 때문에 빨리 밥을 먹고 다음 사람이 밥을 먹을 수 있도록 배려하기 위한 것이었다고 해요.
하지만 요즘은 밥을 먹으면서 두런두런 정겨운 이야기를 나누는 것이 오히려 좋은 식사 예절이지요. 식구는 한자로 '먹을 식(食)', '입 구(口)'로 '한 집에서 살면서 함께 밥을 먹는 사람'이라는 뜻이에요. 식구들과 밥을 먹으면서 대화를 나눠 보세요. 어떤 주제라도 상관없어요. 식사 중에 대화를 나누다 보면 더욱 가깝고 친밀한 식구가 될 수 있답니다.

아플 때 먹으면 낫는 음식이 있어요?

아플 때는 그에 맞는 약을 먹어야 해요. 그런데 음식이 약처럼 병을 고치기도 한다지요. 어떤 특효 음식인지 함께 알아볼까요?

첫 번째 음식은 바로 귤, 오렌지, 레몬이에요. 귤, 오렌지, 레몬 속 비타민 C가 감기를 빨리 낫게 해 준답니다. 그냥 빨리 낫는 것 같은 기분이 드는 거 아니냐고요? 실제로 비타민 C가 감기에 효과가 있다는 연구 결과가 있어요. 핀란드 헬싱키대학교 해리 해밀라 박사가 9,649명의 감기 환자를 대상으로 비교 실험을 했더니 비타민 C를 먹은 어른은 평균 8퍼센트, 아이들은 13퍼센트나 감기에 걸린 기간이 줄어들었다고 해요.

쓴 약 대신 달콤한 꿀 한 숟가락이 어린이의 기침을 멎게 하고 잠을 잘 자게 한다는 연구 결과도 있어요. 미국 펜실베이니아주립대학교 이안 폴

귤, 오렌지, 레몬 속의 비타민 C가 감기를 빨리 낫게 해 줘요.

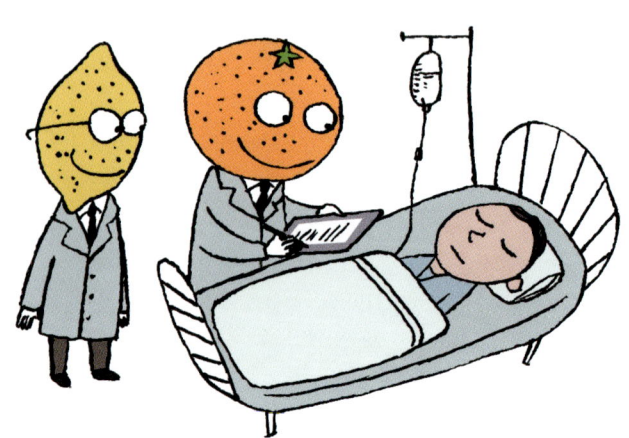

박사 팀이 밤에 기침하는 어린이와 청소년을 세 그룹으로 나눠 각각 꿀, 꿀 향이 나는 기침약, 가짜 약을 줬어요. 그 결과 꿀을 먹은 그룹이 감기약이나 가짜 약을 먹은 그룹보다 기침을 덜하고 잠도 더 잘 잤지요.

 소화가 잘되지 않을 때는 익히거나 가공하지 않는 파인애플이나 무를 먹는 것이 도움이 돼요. 파인애플 안에는 단백질을 소화시키는 '브로멜린'이, 무에는 소화를 돕는 '디아스타아제'라는 효소가 들어 있기 때문이에요. 또 매실차는 소화액이 잘 분비되게 돕는답니다.

 음식이 병을 치료하는 데 도움이 될 수 있다니 정말 신기하지요? 하지만 음식은 의사나 약이 될 수는 없어요. 음식은 도움을 주는 것일 뿐, 아플 때는 병원에 가서 제대로 된 약으로 치료를 받아야 해요.

4장 알고 먹어요, 음식

음식을 맡기고 사랑을 나누는 푸드 뱅크

　음식을 저축하는 은행이 있다는 거, 알고 있나요? 바로 '푸드 뱅크'랍니다. 푸드 뱅크는 음식을 맡기기만 하지 다시 찾을 수 있는 곳은 아니에요. 푸드 뱅크는 가정과 단체 급식소에서 남은 음식이나 유통 기한이 가까워져 판매하기 힘든 음식을 이웃과 나누기 위해 맡기는 은행이에요. 맡겨진 음식은 사회복지시설이나 음식이 필요한 사람에게 무료로 전달되지요. 한마디로 남는 음식으로 이웃을 돕는 은행이에요.
　2013년 3월을 기준으로 전국에는 425개의 푸드 뱅크가 운영되고 있어요. 푸드 뱅크에 아주 많은 양의 음식을 기부해야만 하는 것은 아니에요.

대형 마트나 재래시장, 아파트 등에 350여 개의 식·생활용품 기부함이 설치되어 있는데, 1+1 행사로 받은 여유 식품이나 너무 많이 사서 다 먹을 수 없는 음식 등 적은 양의 음식도 기부할 수 있지요.

푸드 뱅크가 어디에 있는지 모르겠고, 주변에 기부함도 없지만 음식을 꼭 기부하고 싶다고요? 그렇다면 1688-1377을 눌러 전화해 보세요. 친구들이 살고 있는 지역의 푸드 뱅크로 바로 연결된답니다. 푸드 뱅크의 음식을 기부받고 싶을 때도 같은 번호로 전화하면 돼요.

음식을 맡기고 사랑을 나누는 푸드 뱅크에 더 많은 사람들이 음식을 저축해서 배고픈 이웃들이 줄어들면 좋겠어요.

뉴스 속 용어 알기
전세계 기아 퇴치, 세계식량계획

푸드 뱅크처럼 기아로 고통받는 사람들에게 식량을 지원하는 전세계적인 단체가 있어요. 세계 최대의 식량 지원 기구 '세계식량계획(WFP)'이랍니다. 유엔(UN) 산하기구로 1963년에 생겼으며, 이탈리아 로마에 본부가 있지요.

세계식량계획의 주요 활동은 굶주리는 사람들에게 식량을 지원하고 재해나 분쟁이 발생한 지역에 구호 작업을 벌이는 일이에요. 또 기아 발생을 예방하기 위한 다양한 활동도 함께 하고 있지요. 이런 활동에 필요한 돈은 세계 각 나라에서 걷은 기부금과 성금을 통해 마련한다고 해요. 세계식량계획은 매년 어린이 5800만 명을 포함해 전세계 73개국 9천만 명 이상의 사람들에게 일 년에 약 370만 톤의 식량을 지원하고 있답니다.

세계식량계획 로고

 **냠냠쩝쩝 음식 이야기**

과학으로 만든 음식, 분자 요리와 실험실 고기

지금 전세계는 '분자 요리'와 '실험실 고기'가 유행이에요. 과학으로 음식을 만든 거지요. 얼마나 신기하고 놀라운 음식인지 하나씩 살펴보아요.

분자 요리

분자 요리는 음식의 질감 및 요리 과정 등을 과학적으로 분석해 새롭게 변형시키거나 전혀 다른 형태로 음식을 창조하는 것을 말해요. 음식을 분자 단위까지 철저하게 연구하고 분석해서 만든다고 해서 붙여진 이름이지요. 분자는 물질의 성질을 가지고 있는 가장 작은 단위랍니다.

분자 요리의 기본은 과학이에요. 분자 요리를 만들 때는 조리하는 온도와 방법에 따라 재료의 분자 배열이 어떻게 변하는지, 씹는 맛과 향 등은 어떻게 바뀌는지를 분석해요. 여기에 화학 반응을 이용해 재료를 예상할 수 없는 새로운 형태로 조리하는 거지요.

분자 요리로 만든 망고 캐비아

사진 속에 물고기 알처럼 보이는 것은 망고로 만든 캐비아예요. 망고 원액에 해조류의 끈적끈적한 물질인 '알긴산'을 넣어 만든 거지요. 준비한 재료를 주사기에 넣어 염화칼슘 수용액에 방울방울 떨어뜨리면 망고 캐비아가 되고, 일정하게 힘을 주어 죽 짜면 망고 국수가 만들어져요.

실험실 고기

맛이 정말 궁금한 또 하나의 음식은 실험실 고기예요. 동물을 직접 키우지 않고 실험실에서 만드는 고기지요. 얼마 전 네덜란드의 한 대학 연구진이 실험실에서 소의 근육 조직 줄기세포를 배양해 인공 소고기를 만들었어요. 실제 고기처럼 보이기 위해 붉은색 단백질을 추가했지요.

소의 근육 조직 줄기세포로 만든 인공 고기

세포를 배양해 고기를 만들면 좁은 공간에 가둬 놓고 소를 사육할 때보다 더 위생적인 것은 물론 가축을 대량으로 사육하면서 생기는 전염병이나 오염, 환경 파괴 등을 막을 수 있지요. 또 가축을 죽일 필요가 없다는 장점도 있어요.

5장 골라 먹어요, 음식

어떤 음식이 좋은 음식이고, 어떤 음식이 나쁜 음식일까요?
음식 속에 든 성분부터 영양 표시, 유전자 재조합 식품까지,
좋은 음식을 골라 먹기 위해 생각해 봐야 하는 것들에 대해 알려 줄게요.

너무 많아요, 나트륨

맛있는 음식의 기본은 '간'이에요. 간이 잘 맞는 음식은 맛있지만 너무 싱겁거나 짜면 맛이 없지요. 간을 맞추는 데는 보통 소금을 써요. 소금 속에는 나트륨이 들어 있지요. 나트륨은 우리 몸의 수분량을 조절하는 중요한 영양소랍니다. 그런데 이 나트륨이 문제라고 해요. 너무 많이 먹고 있다지 뭐예요.

세계보건기구(WHO)에서 권장하는 하루 최대 섭취량은 2,000밀리그램으로, 소금으로 계산하면 5그램에 해당돼요. 그런데 우리나라 어린이와 청소년(10~18세)이 하루에 섭취하는 나트륨 양은 평균 3,931밀리그램이나 된답니다. 소금으로 보면 약 10그램으로, 세계보건기구가 권장하는 양의 두 배나 되는 거예요.

최근에는 어른들의 질병으로 알려진 고혈압에 걸리는 어린이가 많아지고 있는데 그 원인 중 하나가 나트륨을 너무 많이 먹어서래요. 지나치게 짜게 간을 해서 먹는 식습관이 든 거지요. 짜게 먹으면 고혈압, 심장병, 뇌졸중 같은 심혈관 질환에 걸릴 확률이 세 배 이상 높아져요.

그럼 어떻게 해야 나트륨을 적게 먹을 수 있을까요? 지금 바로 그 방법을 알려 줄게요. 첫째, 과자 같은 가공식품보다는 과일과 채소를 많이 먹어야 해요. 과일과 채소에는 칼륨이 많이 들어 있는데, 칼륨은 나트륨을 몸 밖으로 배설하는 데 도움을 주고, 비만을 예방하는 효과도 있어요. 둘째, 국물은 조금만! 라면이나 국, 찌개의 국물에는 나트륨이 많이 들어 있어요. 국물은 가능하면 많이 먹지 않는 게 좋아요. 셋째, 과자나 빵 등 간식을 고를 때는 포장지에 표시되어 있는 나트륨 양을 확인하고 적게 든 것을 선택하세요. 어때요? 그다지 어렵지 않지요?

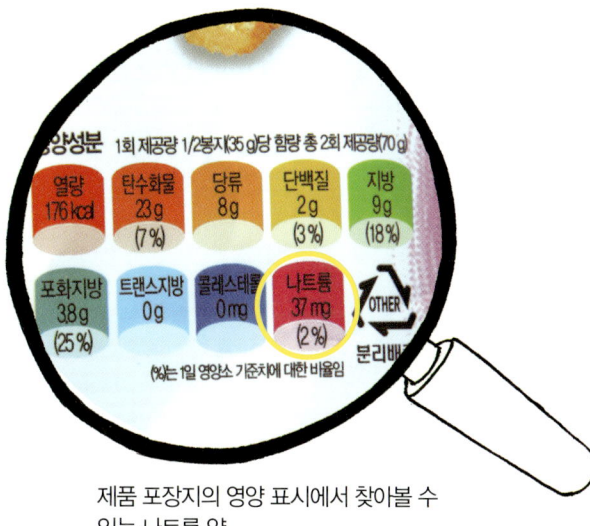

제품 포장지의 영양 표시에서 찾아볼 수 있는 나트륨 양

궁금해요 음식 이야기

어디에나 나트륨

문제를 풀어 볼까요? 다음 중 나트륨이 들어 있는 음식을 모두 골라 보세요.

① 아이스크림 ② 오렌지 주스 ③ 사과 ④ 식빵 ⑤ 햄버거

정답은 다섯 개 모두 다입니다. 아이스크림, 오렌지 주스, 사과, 식빵, 햄버거에는 모두 다 나트륨이 들어 있답니다. 흔히 라면 국물처럼 짠 음식에만 나트륨이 들어 있다고 생각하지요? 하지만 이런 생각은 큰 오해예요. 사과나 우유, 식빵 같은 짜지 않은 음식에도 적은 양이지만 나트륨은 들어 있지요. 그래서 일상적인 식생활을 하는 건강한 사람이라면 자연스럽게 나트륨을 먹게 되어 부족할 염려는 없답니다.

나쁜 지방, 트랜스 지방의 비밀

트랜스 지방은 심장병, 암, 당뇨병, 알레르기 등의 원인이 되는 나쁜 녀석이에요. 게다가 몸에 나쁜 콜레스테롤은 높이고, 좋은 콜레스테롤은 낮추기까지 한답니다.

이렇게 나쁜 녀석의 정체를 알아야 피할 수 있겠지요? 트랜스 지방은 액체인 식물성 기름을 고체로 바꾸기 위해 수소를 첨가하는 과정에서 생기는 지방이에요. 그런데 이런 나쁜 녀석을 도대체 왜 만드냐고요? 액체 기름을 고체로 만들면 보관하기 편할 뿐만 아니라 기름이 산소와 만나 맛이 이상해지는 '산패'를 막을 수 있기 때문이에요.

트랜스 지방은 대부분 가공식품으로 먹게 되는데, 액체 지방을 고체화한 마가린이나 쇼트닝을 이용해 만든 음식에 많이 들어 있어요. 케이크나 빵류, 가공 초콜릿, 감자 튀김, 팝콘 등에 많지요.

트랜스 지방이 많은 도넛

세계보건기구에서는 트랜스 지방 섭취량을 하루 동안 섭취하는 열량의 1퍼센트 이하로 먹으라고 권장하고 있어요. 하지만 트랜스 지방은 가능하면 아예 먹지 않는 것이 좋지요. 가공식품을 살 때 트랜스 지방이 들어 있는지 없는지 제품 포장지에 있는 영양 표시를 꼭 확인하고 사도록 해요. 단, 해당 식품의 1회 제공량당 트랜스 지방이 0.2그램 미만인 경우에는 0그램으로 표시할 수 있으므로, 트랜스 지방을 0으로 표시한 식품이라고 해서 마음 놓고 먹어서는 안 된다는 점도 기억하세요.

뉴스 속 용어 알기

천연 트랜스 지방은 걱정 없어요!

자연적으로 존재하는 트랜스 지방이 있어요. 소나 양, 염소 등 풀을 먹은 뒤 되새김질을 하는 동물의 소화 기관에 사는 미생물들이 천연 트랜스 지방을 만든답니다. 그래서 이런 동물들의 고기는 물론 이들의 젖으로 만든 우유나 치즈, 버터 등의 유제품에는 천연 트랜스 지방이 들어 있어요. 버터의 경우 약 5퍼센트의 천연 트랜스 지방이 들어 있어요. 그런데 천연 트랜스 지방은 크게 걱정하지 않아도 된답니다. 천연적으로 만들어진 트랜스 지방은 우리 몸 안에서 유익한 물질로 바뀐다는 연구 결과가 있어요. 주의할 것은 버터와 아주 비슷하게 생긴 마가린이에요. 마가린에는 인공적으로 만든 트랜스 지방이 많이 들어 있으니 꼭 확인하고 먹어야 한답니다.

천연 트랜스 지방이 들어 있는 버터

나도 모르게 먹고 싶어요, 설탕 중독

나도 모르게 자꾸 단것이 먹고 싶어지나요? 화가 나거나 우울해서 달콤한 음식이 당긴다고요? 혹시 설탕에 중독된 것 아닌가요? 설탕도 중독되냐고요? 중독된다니까요!

우리 몸은 스트레스를 받으면 콩팥에 붙어 있는 부신에서 '코르티솔'이라는 호르몬이 나와요. 코르티솔은 단 음식을 먹고 싶게 만들지요. 이때 설탕이나 과당 등 단맛이 나는 '단순당'을 먹으면 우리 몸에 빠르게 흡수되면서 혈당이 갑자기 크게 올라가요. 우리 몸은 갑자기 오른 혈당을 낮추기 위해 급히 인슐린을 분비하고, 이는 다시 혈당을 빠른 속도로 떨어뜨려 다시 단 음식을 찾게 만든답니다.

여기 음식 옆에 각설탕이 쌓인 그림이 있어요. 이 각설탕이 사실은 음식 속에 든 설탕의 양이라면 믿을 수 있겠어요? 어때요? 생각보다 정말 많은 양이죠? 이렇게 음식 속에 든 당의 양을 각설탕의 수로 보여 주는 사이트가 있어요.
www.sugarstacks.com에 들어가 보면 우리가 흔히 먹는 음료, 과자와 빵, 아이스크림 같은 간식류는 물론 채소와 과일 등에 든 설탕의 양도 알 수 있답니다. 지금 사이트로 가서 음식 이름을 클릭해 보세요. 얼마나 많은 설탕이 음식에 들어 있는지 확인해 보면 아마 깜짝 놀라게 될 거예요.

게다가 이런 상태는 스트레스를 일으켜 또 다시 코르티솔이 분비되고 단 음식이 당기는 악순환이 계속돼요. 이렇게 단순당을 계속 먹게 되면 점점 더 많은 양의 단순당을 먹어야만 만족감을 느끼게 되고 결국 중독이 되는 거예요.

또 단순당이 많은 음식은 우리 몸에 필요한 열량을 단순당으로 채워 다른 영양소를 잘 먹지 않게 만들어요. 결국 비만이나 당뇨병 등에 더 쉽게 걸리게 되지요. 그렇다고 달콤한 단순당을 아예 먹지 말아야 하는 것은 아니에요. 단순당은 하루에 먹어야 하는 열량의 10퍼센트 이내로 먹고, 스트레스를 받았을 때는 음식이 아니라 운동이나 놀이 등으로 스트레스를 푸는 것이 좋지요. 정 단맛이 당긴다면 사탕이나 과자, 탄산음료보다는 과일을 먹도록 해 보세요.

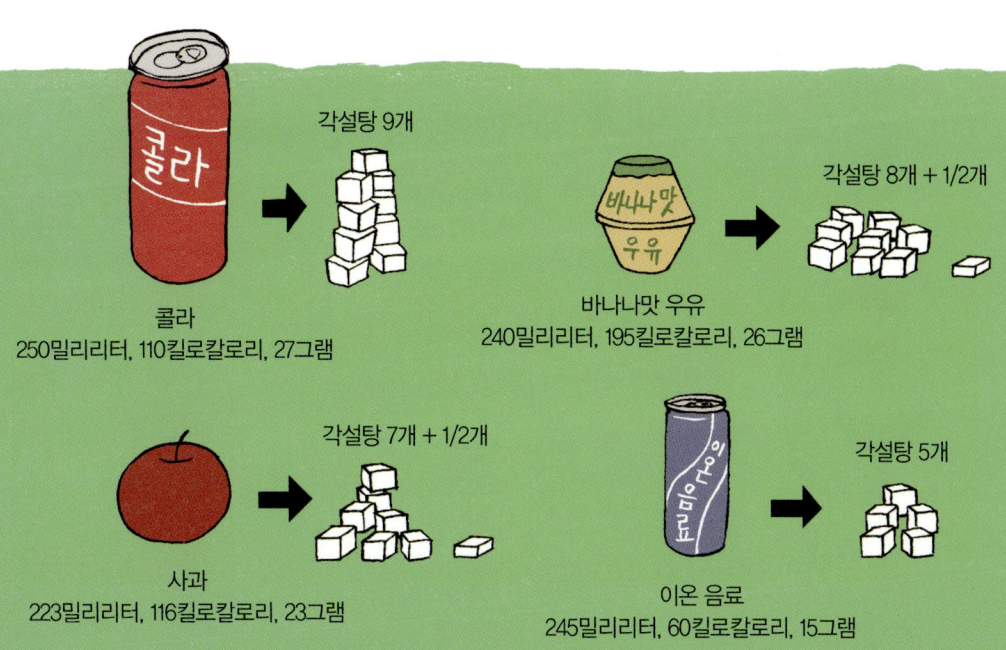

칼로리 0 음식의 비밀

0칼로리라 살이 찌지 않는다는 음료수가 오히려 다이어트를 방해한다는 사실, 알고 있나요? 어때요, 좀 배신감이 느껴지지요?

열량이 없거나 낮아 다이어트에 도움이 된다고 광고하는 음식이나 음료수에는 인공 감미료를 사용해요. 인공 감미료는 합성 감미료라고도 부르는데, 단맛을 화학적으로 합성해서 만든 거예요. 인공 감미료는 무척 단맛이 나는데, 설탕의 단맛이 1이라면 인공 감미료인 사카린은 300, 아스파탐과 아세설팜칼륨은 200, 수크랄로스는 600이에요. 이렇게 달기 때문에 적은 양으로도 단맛을 낼 수 있고, 적은 양을 넣기 때문에 음식의 열량도 낮출 수 있는 거지요.

그런데 미국 퍼듀대학교 연구팀이 쥐를 가지고 실험을 해 보니 인공 감미료를 먹은 쥐가 설탕을 먹은 쥐보다 더 비만해졌다는 결과가 나왔어요. 달콤한 음식을 먹으면 우리 몸은 음식 속 단맛으로 열량을 예측해요. 그런데 열량이 거의 없는 인공 감미료의 단맛은 이 예측에 혼란을 줘서 더 살찌게 만든다는 거지요. 미국 마운트싸이나이의과대학교 마골스키 박사팀의 연구에서도 인공 감미료가 장에서 당이 더 잘 흡수되게 해서 살이 빠지지 않게 한다는 결과가 나왔어요.

살찌는 게 걱정되어 열량이 낮은 인공 감미료가 든 음식

칼로리가 낮다고 하는 다이어트 콜라

을 골라 먹고 있었다면 다시 한 번 생각해 봐야겠지요? 앞으로 음료나 과자를 사 먹을 때 제품 포장에 있는 원재료 및 함량을 자세히 보세요. 단맛이 무엇으로 만들어진 것인지 알 수 있을 거예요.

합성 감미료가 단맛을 내는 칼로리 0 음료

뉴스 속용어 알기

설탕은 어떻게 만드는 걸까요?

설탕의 재료는 사탕수수나 사탕무예요. 사탕수수나 사탕무를 즙을 내고 이 즙에서 설탕 결정인 원당을 뽑아내지요. 원당은 갈색인데, 숯을 이용해 색을 뽑은 뒤 다시 결정으로 만들면 백설탕이 돼요. 갈색 설탕이 몸에 더 좋다는 이야기가 있지만, 정제 과정을 덜 거쳐서 미네랄이 조금 더 들어 있을 뿐 몸에 더 좋다고 할 수는 없어요. 모두 당을 섭취하는 것이기 때문에 적당히 먹도록 주의해야 한답니다.

놀라운 사실은 설탕은 유통 기한이 없다는 거예요. 설탕은 오랜 시간 동안 보관해도 잘 상하지 않기 때문이지요. 설탕을 오래 보관하면 하얗던 설탕이 조금 노랗게 변하는데, 이는 설탕 속에 조금 남아 있는 아미노산이 노란색으로 변한 것일 뿐 설탕이 상한 것은 아니랍니다.

설탕의 재료인 사탕수수

식품에 뭘 넣는다고요?
식품 첨가물이요?

식품 첨가물은 말 그대로 식품에 첨가하는 물질을 말해요. 대부분 모양과 맛, 색, 향을 내고 보관 가능 기간을 늘리기 위해서 넣지요. 우리나라에서 사용하는 식품 첨가물은 약 640여 가지로 천연 물질도 있지만 대부분 화학 첨가물이에요. 천연 물질로 만든 식품 첨가물은 가격이 너무 비싸기 때문에 비슷한 맛과 향을 내는 화학 첨가물을 사용하지요.

식품에 자주 사용되는 식품 첨가물로는 방부제, 감미료, 산화 방지제, 화학 조미료, 착색료, 발색제, 표백제, 팽창제, 살균제, 산미료, 소포제, 유화제, 강화제, 이형제, 착향료, 증점제 등이 있어요. 이름도 어려운 식품 첨가물의 종류가 정말 다양하지요?

식품 첨가물은 식품과 함께 매일 섭취하게 되므로 해롭지 않아야 하며, 장기간에 걸쳐 섭취해도 만성적인 독성이나 발암성의 위험이 있어서는 안 돼요. 그래서 과학적 결과를 근거로 엄격하게 사용량을 정하고 있지요. 하지만 하나의 가공식품에 든 식품 첨가물의 양은 조금이라고 해도 우리가 먹는 가공식품의 종류와 양이 많기 때문에 결국 우리가 먹게 되는 식품 첨가물의 총량은 많아지지요. 그래서 식품 첨가물 섭취를 주의해야 한다는 의견도 있어요.

식품 첨가물, 많이 먹는다고 해서 몸에 좋을 건 없겠지요? 식품을 선택할 때는 어떤 첨가물이 들어 있는지 꼼꼼히 확인하고, 너무 많은 양의 식품 첨가물을 먹지 않도록 노력해 보세요.

▶ **식품 첨가물의 종류**

식품 본래의 색을 유지하거나 향상시키는 식품 첨가물.
대표적인 착색료) 식용 색소 황색 제4호, 황색 제5호, 녹색 제3호, 청색 제1호, 청색 제2호, 청색 제3호, 적색 제3호, 적색 제40호 등

식품에 신맛을 내기 위해 사용하는 식품 첨가물.
대표적인 산미료) 구연산, 구연산칼륨, 글루콘산, 초산나트륨, 젖산나트륨, 호박산 등

식품에 단맛을 내기 위해 사용하는 첨가물.
대표적인 감미료) D-소르비톨, 삭카린나트륨, 아세설팜칼륨, 자일리톨, 아스파탐, 수크랄로스, 효소처리스테비아 등

식품에 함유된 기름의 산화를 막는 식품 첨가물.
대표적인 산화 방지제) 아황산나트륨, 차아황산나트륨, L-아스코르빈산나트륨, 이산화황 등

식품을 오랫동안 보존하기 위해 미생물의 생성을 억제하는 식품 첨가물.
대표적인 보존료) 아황산나트륨, 무수아황산, 소르빈산, 소르빈산칼륨, 데히드로초산나트륨 등

조리, 가공, 저장 중 없어지거나 변하기 쉬운 식품 고유의 향을 유지하기 위한 첨가물.
대표적인 합성 착향료) 바닐라향, 딸기향 등

착색료　　감미료　　보존료　　산화방지제　　착향료　　산미료

탄산가스를 발생시켜 케이크, 빵 등을 부풀리는 첨가물.
대표적인 팽창제) 탄산염류, 중탄산염류, 암모니아염류 등

식품의 보존 효과를 높이기 위해 산도를 적절한 범위로 조정하는 식품 첨가물.
대표적인 산도 조절제) 수산화나트륨, 황산, 구연산 등

수분이 식품으로부터 분리되는 것을 막아 식품의 점성을 높여 촉감을 좋게 만들고, 맛과 품질의 향상 및 유지를 돕는 첨가물.
대표적인 증점제) 알긴산프로필렌글리콜, 카르복시메틸셀룰로오스칼륨, 변성전분, 알긴산암모늄, 글루코사민, 구아검, 펙틴 등

식품에 부족한 영양소나 가공 과정에서 파괴되기 쉬운 영양소를 채워 주는 첨가물.
대표적인 영양 강화제) 비타민, 무기질, 아미노산 등

식품의 색소 성분을 표백하는 식품 첨가물.
대표적인 표백제) 아황산나트륨, 차아황산나트륨, 무수아황산 등

식품에 감칠맛을 부여하는 식품 첨가물. 소금, 간장, 된장 등도 넓은 범위에서 향미 증진제에 포함됨.
대표적인 향미 증진제) L-글루타민산나트륨(MSG), 핵산류(IMP, GMP) 등

육류 가공품의 발색을 위해 사용하는 첨가물.
대표적인 발색제) 아질산나트륨

증점제   팽창제   표백제   발색제   산도조절제   향미증진제   영양강화제

알록달록 예쁜 식품 조심!

　알록달록 예쁜 색으로 우리의 눈을 사로잡는 예쁜 식품, 하지만 조심해야 해요. 왜 조심해야 하냐고요? 알록달록 예쁜 식품 중에는 합성 색소를 쓴 식품이 많거든요. 특히 타르 색소가 문제인데, 타르 색소는 주로 껌과 사탕, 과자, 음료수 등에 색깔을 내기 위해 사용되는 합성 착색료로 주의력결핍과잉행동장애(ADHA)의 원인으로 지목되는 등 건강에 좋지 않다는 논란이 있는 식품 첨가물이랍니다. 국내에서는 총 9종류의 타르 색소만 식품에 사용할 수 있어요. 그중 적색 102호와 적색 2호는 어린이 기호 식품에는 사용이 금지된 색소예요.

실제로 학교 앞에서 파는 사탕이나 껌 등 100개의 제품을 조사했더니 70개 제품에서 유럽연합(EU)에서 안전성을 이유로 경고 표시를 의무화하고 있는 색소인 황색 4호와 황색 5호, 적색 40호, 적색 102호가 나왔다고 해요. 뿐만 아니라 53개 제품에서는 2개 이상의 타르 색소가 나왔는데, 타르 색소는 2가지 이상 섞어서 사용하면 부작용의 위험이 높아지는 것으로 알려져 있어요.

▶ **식품에 사용하는 타르 색소**

색	색소	주로 사용하는 식품
	황색 4호	해조류 가공품
	황색 5호	탄산음료
	적색 40호	기타 음료
	적색 102호	초콜릿
	적색 2호	주류
	적색 3호	과자
	녹색 3호	과자
	청색 1호	기타 음료
	청색 2호	사탕류

식품을 만드는 회사에서 타르 색소를 사용하지 않도록 노력하는 것도 중요하지만 어린이들 스스로 타르 색소가 든 식품을 사 먹지 않도록 노력하는 것도 중요해요. 사 먹는 사람이 없으면 회사에서도 더 이상 만들지 않을 테니까 말이에요. 과자나 껌, 사탕 등을 살 때 제품 포장을 보고 어떤 색소를 사용했는지 꼭 확인해 보기, 약속해요!

알록달록 맛있어 보이지만 먹지 않을 거야!

읽으면 보여요, 영양 정보 표시

지금껏 나트륨이나 당, 트랜스 지방을 조심해서 먹으라는 이야기를 했어요. 그런데 도대체 어떻게 조심해야 하는지는 잘 모르겠다고요? 식품 속에 나트륨이나 당이 얼마나 들었는지, 또 트랜스 지방은 얼마나 들었는지 도대체 어떻게 아냐고요? 바로 영양 정보 표시를 보면 되지요.

그런데 봐도 뭐가 뭔지 잘 모르겠다고요? 지금부터 영양 정보 표시가 무엇을 나타내는지 확실하게 알려 줄게요. 눈 크게 뜨고 보세요!

영양정보 총 내용량 00g / 000kcal

총 내용량당		1일 영양 성분 기준치에 대한 비율
나트륨	00mg	00%
탄수화물	00g	00%
당류	00g	-
지방	00g	00%
트랜스지방	00g	-
포화지방	00g	00%
콜레스테롤	00mg	00%
단백질	00g	00%

※ 1일 영양성분 기준치에 대한 비율(%)은 2,000Kcal 기준이므로 개인의 필요 열량에 따라 다를 수 있습니다.

가장 먼저 확인해요! **열량(kcal)**

영양 표시를 읽을 때 가장 먼저 확인해야 할 것은 열량이에요. 숫자 뒤에 kcal(킬로칼로리)라는 단위가 붙어 있지요. 숫자가 클수록 열량이 높은 음식이에요. 열량이 높을수록 더 많은 에너지를 낼 수 있지만 우리 몸에 필요한 열량보다 더 많은 열량을 먹으면 남는 열량이 몸에 지방으로 쌓여서 비만이 될 수도 있어요. 그래서 적당한 열량을 섭취하는 것이 중요하지요. 만약 간식을 고르고 있다면 180~280킬로칼로리 만큼만 먹는 게 좋아요.

얼마나의 기준! **1일 영양 성분 기준치에 대한 비율(%)**

1일 영양 성분 기준치에 대한 비율은 이 음식을 먹었을 때 하루에 섭취해야 할 영양소의 몇 퍼센트를 먹게 되는지를 나타내요. 만약 숫자가 100을 넘었다면 이 음식만으로도 하루에 먹어야 하는 영양 성분을 넘치게 먹게 된다는 의미랍니다.

너무 짜게 먹지 말아요! **나트륨**

나트륨을 너무 많이 먹으면 고혈압이라는 병에 걸리기 쉬워요. 가능하면 적게 들어 있는 식품을 골라 먹어요.

너무 많이 먹으면 안 돼! **탄수화물과 당류**

우리 몸의 에너지원이지만 너무 많이 먹으면 몸속에서 지방으로 바뀌어 쌓이게 돼요. 특히 달콤한 맛을 내는 당류는 혈당을 급하게 올리고, 충치의 원인이기도 하니 주의!

주의해요! **지방**

지방은 우리 몸의 세포막을 만드는 등 꼭 필요한 영양소지만 1그램당 9킬로칼로리를 내는 고열량 영양소예요. 그래서 지방을 많이 먹으면 비만이 되기 쉽지요. 특히 포화지방과 트랜스지방은 적게 먹도록 주의해야 해요.

많아서 문제! **콜레스테롤**

콜레스테롤을 너무 많이 먹으면 혈관 속에 콜레스테롤이 쌓여서 혈관을 막는 병에 걸릴 수도 있으니 조심하세요.

우리 몸을 만들어요! **단백질**

보통 단백질은 부족하기 쉬워요. 그래서 단백질이 적당히 포함된 식품을 먹는 것이 좋답니다.

쓰레기 음식?
고열량·저영양 식품

정크푸드라는 말을 들어 본 적이 있나요? 쓰레기 음식이라는 말은요? 정크푸드의 '정크(Junk)'는 쓸모없는 물건, 폐물, 쓰레기라는 뜻이에요. 정크푸드는 곧 쓰레기 음식이라는 뜻이지요. 정크푸드는 '고열량·저영양 식품'이라고도 해요. '고열량·저영양 식품'은 말 그대로 열량이 높고 영양가는 낮아서 쓰레기처럼 건강에 해를 줄 수 있는 식품을 말하지요.

고열량·저영양 식품의 문제

어린이들이 건강하게 성장하기 위해서는 열량과 영양소들을 골고루 섭취해야 해요. 그런데 고열량·저영양 식품은 비만을 불러올 수 있는 열량과 당, 포화 지방은 높고 성장에 꼭 필요한 단백질은 낮아요. 또 고혈

압과 같은 병을 일으킬 수 있는 나트륨이 많지요. 그래서 많이 먹을 경우 성장에 필요한 영양소는 부족하면서도 뚱뚱해질 수 있답니다.

고열량·저영양 식품의 기준

그렇다면 어떤 식품이 고열량·저영양 식품에 해당하는 걸까요? 과자, 빵, 초콜릿, 아이스크림, 사탕, 음료와 같은 간식은 1회 제공량당 단백질량을 기준으로 열량, 포화 지방, 당류를 확인해야 해요. 다음 그림을 보면 그 기준을 쉽게 알 수 있어요.

▶ **간식의 고열량·저영양 식품 기준**

1회 제공량당 단백질이 2그램을 넘지 않으면서 열량 250킬로칼로리, 포화지방 4그램, 당류 17그램 중 어느 하나라도 그 양을 넘으면 고열량·저영양 식품이에요. 열량 500킬로칼로리, 포화지방 8그램, 당류 34그램을 넘는 제품은 단백질이 2그램이 넘더라도 고열량·저영양 식품이지요.

영양 표시를 보고 판단하기가 너무 어렵다고요? 식품의약품안전처 홈페이지를 이용하면 좀 더 쉽게 알 수 있어요. 1회 제공량과 1회 제공량당 열량, 당, 포화지방, 단백질 등의 영양 성분을 입력하면 고열량·저영양 식품인지 바로 확인할 수 있어요.

빨라서 좋아요? 느려서 좋아요! 패스트푸드와 슬로푸드

빠른 음식과 느린 음식, 패스트푸드와 슬로푸드 중 언뜻 생각하면 빠른 음식이 좋을 것 같지요? 하지만 그렇지 않답니다.

주문하자마자 나와서 바로 먹을 수 있는 햄버거는 패스트푸드를 대표하는 음식이에요. 전세계 어느 나라를 가도 빅맥이라는 햄버거를 파는 패스트푸드점이 있어서, 이 햄버거 가격으로 각 국가의 물가 수준을 비교하는 '빅맥 지수'라는 것이 있을 정도지요.

비만을 불러오는 패스트푸드

이런 인기에도 불구하고 패스트푸드는 비만의 원인으로 지목되고 있어요. 햄버거와 감자 튀김, 콜라를 먹는 버거 세트는 고열량에 당분과 지방이 너무 많이 들어 있다는 지적을 받고 있어요. 2010년 한국소비자원의 조사에 따르면 버거 세트 메뉴 57개 제품의 평균 열량은 880킬로칼로리로 한 끼 식사로 먹어야 하는 열량을 훌쩍 뛰어넘었답니다. 모건 스펄록이라는 미국의 영화감독은 30일 동안 패스트푸드만 먹으면서 그 변화를 찍은 〈슈퍼 사이즈 미〉라는 다큐멘터리를 제작했어요. 그 결과, 그는 한 달 만에 몸무게가 11킬로그램이나 늘었답니다. 정말 놀랍지요?

건강과 함께하는 슬로푸드

이렇게 건강에 좋지 않은 패스트푸드에 반대하는 사람들은 슬로푸드 운동을 시작했어요. 슬로푸드는 가공하지 않고 사람의 손맛이 들어간 음식, 자연적인 숙성이나 발효를 거친 음식 등 전통적인 방식으로 만든 음식을 말해요. 집에서 담가 발효시킨 김치는 물론 된장과 고추장, 간장 등을 이용해 엄마가 만들어 주신 한식은 슬로푸드의 대표라고 할 수 있지요.

패스트푸드를 아예 먹지 않는 건 어렵겠지만 가능하면 패스트푸드보다는 슬로푸드를 먹어 봐요. 느리게 만들어 느긋하게 먹는 즐거움에 건강까지 따라올 거예요.

메주로 간장을 담근 뒤 장물을 떠내고 남은 건더기를 숙성시켜 만든 전통 발효 식품 된장

꼬불꼬불 라면 이야기

친구들은 라면을 얼마나 자주 먹나요? 전세계에서 인스턴트 라면이나 컵라면을 가장 많이 먹는 나라는 한국이라는 세계라면협회의 조사 결과가 있을 정도로 우리는 라면을 자주 먹고 있어요.

라면은 대부분 고열량·저영양 식품이에요. 게다가 나트륨이 아주 많이 들어 있지요. 2011년 식품의약품안전처의 조사 결과, 우리나라 라면 제품(1회 제공량 100그램 이상)의 나트륨 함량은 세계보건기구 1일 섭취 권고량인 2,000밀리그램의 90~130퍼센트나 됐어요. 라면 하나만 먹어도 하루에 먹어야 하는 나트륨을 거의 다 먹는 셈이지요.

그렇다고 라면을 안 먹을 수는 없겠지요? 물론 가능하면 라면을 먹지 않는 것이 좋겠지만 꼭 먹어야 한다면 건강하게 먹는 방법 세 가지를 지켜 보세요.

첫째, 국물 먹지 않기. 나트륨은 국물에 많이 녹아 있어요. 면을 건져 먹은 후에 가능하면 국물은 먹지 않는 거예요. 국물만 먹지 않아도 라면에 들어 있는 나트륨의 절반은 덜 먹게 되는 거죠. 둘째, 달걀과 채소 넣어 먹기. 달걀이나 양파와 파, 버섯 등의 채소를 넣어 라면을 끓이는 거예요. 달걀로 단백질을, 채소로 비타민과 무기질 등 부족한 영양소를 채울 수 있지요. 셋째, 가능하면 면을 튀기지 않은 라면을 선택하거나 라면의 영양 표시를 확인해서 나트륨과 열량이 낮은 라면 골라 먹기.

어때요, 이 세 가지 기억할 수 있겠지요?

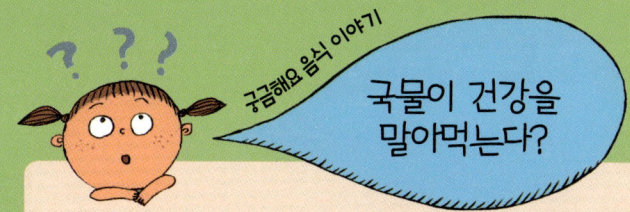

국물이 건강을 말아먹는다?

라면뿐만 아니라 찌개나 국의 국물을 많이 먹는 것도 건강에 좋지 않아요. 우리가 흔히 먹는 김치찌개나 된장찌개에도 약 2,000밀리그램의 나트륨이 들어 있어요. 놀랍게도 짬뽕에는 무려 4,000밀리그램의 나트륨이 들어 있어요.

국물을 후루룩 마시거나 국물에 밥을 말아 먹는 것은 건강을 말아먹는 것이나 마찬가지예요. 밥을 먹을 때 찌개나 국 등 국물을 적게 먹어야 나트륨의 섭취를 줄일 수 있답니다.

▶ **국물 음식 속에 든 나트륨의 양**

짬뽕 4,000밀리그램　　물냉면 2,618밀리그램　　우동 2,390밀리그램

  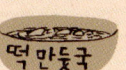

해물 칼국수 2,355밀리그램　　된장찌개 2,021밀리그램　　떡 만둣국 1,980밀리그램

김치찌개 1,962밀리그램　　갈비탕 1,718밀리그램　　삼계탕 1,311밀리그램

출처 : 2012년 외식 영양성분 자료집

탄산음료의 톡 쏘는 진실

콜라에 닭뼈를 넣어 두었더니 닭뼈가 약해지는 실험을 본 적 있나요? 실제로 탄산음료는 산성도가 피에이치 2.5~3.5 정도로 강해서 치아의 에나멜 층에 손상을 주고 쉽게 충치가 생기게 해요.

그런데 이보다 더 무서운 진실은 탄산음료가 대표적인 고열량·저영양 식품으로 비만의 원인이라는 점이에요. 실제로 만 12~18세가 주로 당을 먹는 원인이 되는 음식의 1위가 탄산음료예요. 당을 너무 많이 먹으면 지방으로 바뀌어 비만이 되거나 당에 중독될 수 있다는 사실, 이 책을 읽고 있는 친구들은 이미 알고 있을 거예요.

흥미로운 연구 결과도 있어요. 탄산음료의 단맛을 내는 물질인 '액상 과당'을 너무 많이 먹으면 뇌의 활동이 느려진다는 거예요. 액상 과당을 먹으면 인슐린이 많이 나오게 되는데, 인슐린이 뇌의 기억이나 학습을 방해하기 때문이지요.

탄산음료의 고향인 미국에서는 탄산음료가 비만의 원인으로 알려져 오히려 소비가 줄고 있어요. 치아를 약하게 하고 살을 찌우고 뇌의 활동을 느리게 만드는 탄산음료. 어때요? 아직도 톡 쏘는 맛이 끌리나요?

각종 탄산음료

 뉴스 속 용어 알기

과즙 음료도 안심하지 마세요!

과즙을 넣어 만든 음료도 탄산음료 못지않게 비만의 원인이라고 해요. 과즙 음료라고 해도 과즙의 함량이 적은 음료의 경우 적은 과즙 대신 맛을 낼 당분이나 착향료 그리고 색을 내는 색소를 넣는 경우가 많아요. 과즙을 넣어 만든 음료라고 해서 안심해선 안 되는 거예요.

또 하나 주의할 것이 있어요. 무설탕이나 무가당이라는 문구에 속아서는 안 된다는 거예요. '무설탕'이란 말은 말 그대로 '설탕이 들어 있지 않다.'는 뜻이지만 설탕과 비슷한 액상 과당이나 감미료인 아스파탐, 말티톨 등은 얼마든지 들어 있을 수 있어요. 또 설탕이나 액상 과당, 감미료와 같은 당을 따로 첨가하지 않은 무가당 음료라고 해도 원래 재료 자체에 있는 당은 고스란히 들어 있지요. 결국 주스보다는 과일 그대로 먹는 게 가장 현명한 방법이랍니다.

어린이를 해치는 어린이 음료?

피피캡 뚜껑이 달린 어린이 음료

　귀여운 캐릭터가 그려져 있거나 뽑아서 손쉽게 마실 수 있는 어린이를 위한 음료. 그런데 이런 어린이 음료가 오히려 어린이 건강에는 좋지 않다고 해요. 탄산음료가 건강에 좋지 않다는 것은 이미 많은 사람들이 알고 있지만 어린이 음료가 탄산음료 못지않게 건강에 좋지 않다는 사실은 잘 모르는 사람이 많지요.

　어린이 음료도 대부분이 콜라나 사이다 같은 탄산음료의 산성도와 비슷해요. 음료수의 산성도가 강하면 상큼한 맛이 나지만 치아의 보호막인 에나멜 층에 상처를 내서 충치가 생기기 쉽지요. 그래서 어린이 음료도 콜라처럼 마신 후 30분이 지난 뒤에 양치해야 해요.

또 대부분의 어린이 음료의 주성분이 설탕이나 과당과 같은 단순당이에요. 게다가 감미료로 단맛을 더한 음료가 많아 단맛에 지나치게 길들여질 우려가 있어요. 결국 어린이를 위한 음료도 탄산음료와 크게 다를 바 없는 거예요.

한 가지 더 주의해야 할 것이 있어요. 어린이 음료는 뚜껑 윗부분을 잡아 올린 후 빨아 마시고, 마시지 않을 때는 눌러서 닫을 수 있는 '피피캡' 뚜껑으로 돼 있는 경우가 많아요. 그런데 이런 뚜껑은 음료를 마실 때 침이 음료 병 안으로 들어가기가 쉬워요. 침이 들어간 상태로 상온(25도)에서 4시간 이상 보관하면 세균이 크게 번식해 부패 상태가 되지요. 그래서 마시고 남은 음료는 꼭 냉장고에 보관해야 한답니다.

흰 우유 vs 색 우유

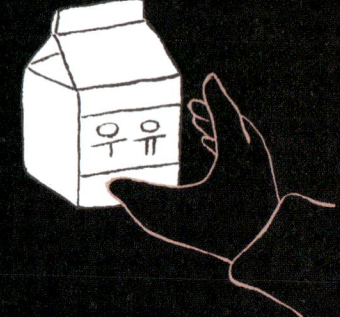

건강하고 튼튼한 몸을 위해 탄산음료 대신 우유를 마시는 착한 어린이라고요? 그런데 맛 없는 흰 우유 대신 달콤한 딸기 우유나 초콜릿 우유, 바나나 우유에 손이 간다고요?

다른 음료보다 몸에 좋을 것 같은 딸기 우유나 초콜릿 우유, 바나나 우유 등의 가공 우유에도 아주 많은 당분이 들어 있어요. 콜라보다 더 당분이 많은 가공 우유도 있다면 믿을 수 있겠어요? 하지만 슬프게도 사실이랍니다.

시중에 판매되고 있는 35개 가공 우유 200밀리리터를 기준으로 당의 함량을 조사한 결과, 20그램 이상인 제품이 15개나 된다고 해요. 또 당 함량이 가장 높은 초콜릿 우유 제품의 경우 콜라 한 캔과 같은 양인 250밀리리터를 기준으로 비교하면 콜라에 든 당 함량인 27그램보다 많은 31.3그램의 당이 들어 있지요.

가공 우유는 제품마다 당 함량이 2배 이상 차이가 나는 것도 있어서 가공 우유를 선택할 때는 영양 표시의 당류의 양을 꼭 확인하고 선택해야 해요. 물론 가공 우유보다 흰 우유를 선택하는 것이 건강에는 가장 좋지요. '완전 식품'으로 불리는 흰 우유는 탄수화물, 단백질, 지방 등 열량을 내는 요소뿐 아니라 무기질, 비타민 등 다양한 영양소를 가지고 있어요. 특히 골격과 키 성장을 위해 반드시 필요한 칼슘이 많아 성장기 어린이들에게 안성맞춤이지요.

우유라고 다 같은 우유가 아니란 걸 이제 알았지요? 자, 이제 어떤 우유로 손이 가나요?

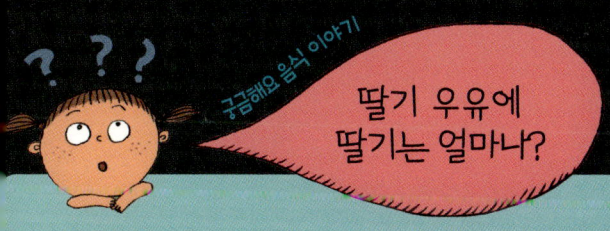

딸기 우유에 딸기는 얼마나?

딸기 우유에 딸기는 얼마나 들었을까요? '딸기 한 알 정도는 들어가지 않았을까'라고 생각하나요? 놀랍게도 딸기 우유엔 딸기가 거의 들어 있지 않아요.
딸기 우유의 원재료명 및 함량을 보면 딸기 과즙은 1퍼센트가 들어 있어요. 200밀리리터 우유 한 팩에 2밀리리터가 들어 있는 셈으로 아주 적은 양이지요. 그런데 1퍼센트로 어떻게 딸기 맛을 내냐고요? 그래서 딸기향 합성 착향료가 들어가지요. 초콜릿 우유도 크게 다르지 않아요. 음료나 과자 등 가공식품을 고를 때, 원재료 및 함량과 영양 표시만 봐도 식품에 대해 아주 많은 것을 알 수 있답니다.

딸기 우유와 초콜릿 우유의 포장에 담겨 있는 각종 정보

간식 고르는 비법!

나트륨이나 당분, 식품 첨가물 등 음식을 고를 때 고려해야 할 것이 너무 많아서 도대체 뭘 먹어야 할지 모르겠지요? 그래서 친구들에게 간식을 고르는 비법을 알려 주려고 해요.

'어린이 기호 식품 우수 판매 업소' 찾기

어린이 기호 식품 우수 판매 업소에서는 비만이나 영양 불균형을 초래할 우려가 있는 '고열량·저영양 식품'을 판매하지 않거든요. 게다가 식품을 위생적으로 조리하거나 다루고 있다는 인증을 받은 가게라 안심할 수 있지요.

제품 포장지의 '스마일 마크' 확인하기

스마일 마크는 품질 인증을 받은 식품이라는 걸 나타내는 거예요. 식품의약품안전처에서는 어린이들이 안전하고 영양을 고루 갖춘 식품을 고를 수 있도록 품질 인증을 하고 있어요. 꼼꼼한 검사를 통과해야만 이 마크를 제품에 넣을 수 있답니다.

앞으로 간식을 고를 땐 이 두 가지만이라도 꼼꼼히 확인한다면 좀 더 깨끗하고 영양을 고루 갖춘 간식을 고를 수 있을 거예요. 물론 아무것도 확인하지 않고도 가장 안전하게 먹을 수 있는 간식이 있어요. 바로 엄마가 만들어 주시는 간식이랍니다.

어린이기호식품
품질인증제품

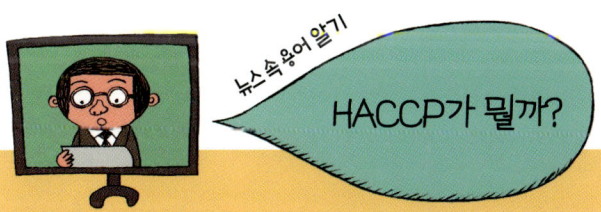

뉴스 속 용어 알기
HACCP가 뭘까?

식품의 포장이나 식품을 만드는 곳에 'HACCP'라고 써 있는 것을 본 적이 있나요? '해썹'이라고도 부르는 HACCP는 '식품위해요소중점관리기준'이라고도 해요. 식품의 원재료 생산에서부터 만드는 과정과 소비자가 섭취하기 전까지 각 단계에서 생물학적, 화학적, 물리적 위해 요소가 식품에 들어가는 것을 방지하는 위생 관리 시스템이지요.

HACCP은 미항공우주국(NASA)의 요청으로 1959년 필스버리 사가 우주식에 적합하게 개발한 것으로, 무균 식품을 만들기 위한 것이었어요. 우리나라는 식품의약품안전처의 인증을 받으면 HACCP 인증 마크를 표시할 수 있답니다.

HACCP 인증 마크

간질간질, 음식 알레르기

어떤 음식을 먹고 입술이 붓거나 목이 부은 적이 있나요? 간지러운 느낌이 난 적은요? 갑자기 기침이 나거나 콧물이 난 적이 있다고요? 빨갛게 올록볼록 두드러기가 난 경험도 있나요? 배가 몹시 아프고 설사를 했다고요?

그렇다면 음식 알레르기가 있을 수도 있어요. 음식 알레르기는 어떤 특정한 음식을 먹고 몸에 알레르기 증세가 나타나는 것을 말해요. 알레르기는 '과민 반응'이라는 뜻으로 우리 몸에 해가 되지 않는 물질을 병원체로 착각하고 면역 시스템이 공격해서 일어나는 현상이에요. 알레르기가 일어나면 붓거나 간지럽고 기침이나 콧물이 나요. 피부에 두드러기가 나거나 복통, 설사를 하기도 하지요. 음식 알레르기는 특히 달걀흰자·우유·메밀·새우·게 등에 의해 일어나기 쉬워요.

어떤 음식에 알레르기가 있다면 가능하면 그 음식은 먹지 않는 것이 좋아요. 알레르기가 일어나기는 하는데 어떤 음식인지, 혹은 음식이 아닌 집먼지진드기나 꽃가루, 동물의 털 등 다른 물질에 의한 알레르기인지 정확하게 모르겠다고요? 그렇다면 병원에 가서 알레르기 검사를 받고 원인을 정확하게 알아낸 후 이를 치료하는 게 좋아요. 알레르기가 너무 심하면 '항히스타민'이라는 알레르기를 가라앉히는 약을 먹어야 할 수도 있어요. 천식 환자의 경우 알레르기로 숨 쉬기가 곤란해지면 목숨이 위험할 수도 있거든요. 알레르기, 마냥 우습게 보면 안 된답니다.

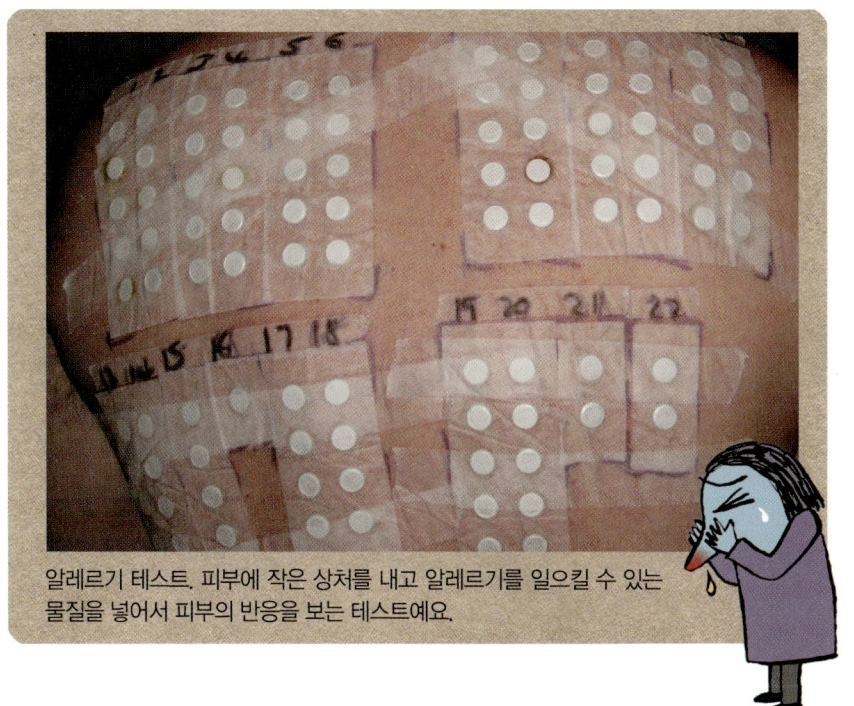

알레르기 테스트. 피부에 작은 상처를 내고 알레르기를 일으킬 수 있는 물질을 넣어서 피부의 반응을 보는 테스트예요.

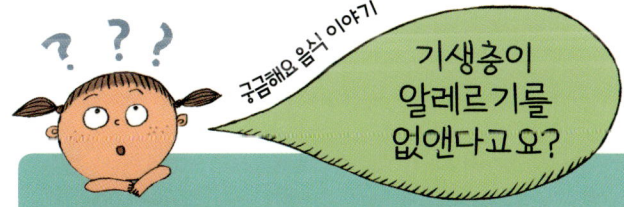

궁금해요 음식 이야기

기생충이 알레르기를 없앤다고요?

우리 몸속에 몰래 살면서 우리의 영양소를 훔쳐 먹는 기생충이 알레르기를 없애 준다고 해요. 실제로 기생충에 감염되면 알레르기가 줄어든다는 연구가 아주 많답니다.

왜 기생충에 감염되면 알레르기가 줄어들까요? 알레르기는 면역 시스템이 지나치게 반응한 것이에요. 이때 기생충에 감염되면 면역 시스템이 기생충을 공격하느라 알레르기를 덜 일으키게 되지요. 기생충 전문가들은 기생충 감염률이 떨어지면서 아토피 피부염이나 천식 등 알레르기 질환이 늘어났다고 보고 있어요.

그렇다고 알레르기를 치료하기 위해 몸에 기생충을 키울 필요는 없어요. 과학자들이 기생충의 몸에서 나오는 물질로 알레르기를 없앨 약을 열심히 개발하고 있답니다. 가까운 미래엔 기생충 덕분에 알레르기를 치료하는 날이 올 수도 있겠죠?

GMO가 뭐예요?

혹시 '유전자 재조합 식품'이라는 말을 들어 본 적 있나요? 유전자 재조합 식품은 특정한 목적에 맞게 유전자를 조절한 생물로 만든 식품을 말해요. 예를 들어 해충에 잘 견디도록 유전자를 조절한 콩으로 만든 된장이 바로 유전자 재조합 식품이지요. 'GMO'는 'Genetically Modified Organism'의 줄인 말로 유전자 재조합 생물을 말해요.

전세계에서 재배되는 콩의 81퍼센트, 옥수수의 29퍼센트, 면화의 64퍼센트가 유전자 재조합을 한 농산물이에요. 이외에도 애완용으로 키우는 형광 물고기 같은 동물이나 당뇨병 치료약인 인슐린을 만드는 미생물 등도 유전자 재조합을 이용해 개발한 것이지요. 우리나라는 아직까지 유전자 재조합 농산물을 재배하지 않고 있어요. 하지만 미국이나 브라질, 아르헨티나 등 전세계 29개국에서 유전자 재조합 농산물을 재배하고 있고, 이 농산물이 우리나라로 수입되고 있지요. 수입되는 식용 옥수수의 약 49퍼센트, 수입되는 식용 콩의 약 75퍼센트가 유전자 재조합 농산물이에요. 정말 많은 양이 수입되고 있지요?

유전자 재조합 옥수수를 재배하는 농장

유전자 재조합 농산물이 안전한지에 대해서는 의견이 다양해요. 미국이나 캐나다, 브라질, 스페인, 중국, 호

주 등 25개국에서 유전자 재조합 식품을 15년 동안 먹어 왔지만 몸에 나쁘다는 연구 결과는 나오지 않았어요. 이 때문에 걱정하시 않아도 된다는 의견도 있지요. 하지만 조절한 유전자 성분이 건강에 나쁜 영향을 주거나 유전자 재조합 생물이 환경에 나쁜 영향을 미칠 거라고 걱정하는 사람도 있어요.

그래서 우리나라는 유전자 재조합 농산물을 이용해 만든 식품에 '유전자 재조합 식품' 또는 '유전자 재조합 ○○○ 포함 식품'이라고 표시를 하도록 법으로 정했어요. 소비자들이 스스로 식품을 선택할 수 있도록 정보를 알려 주는 게 중요하기 때문이에요. 하지만 유전자 재조합 농산물로 만들었다고 해도 제조 과정에서 조절된 유전자나 단백질이 사라져 최종 식품에 남아 있지 않게 된 경우에는 표시를 하지 않아요. 대표적인 예로 간장과 식용유 등이 있답니다.

음식을 담는 그릇도 중요해요!

　마지막으로 음식을 고를 때 생각해야 할 것은 바로 음식을 담는 그릇이에요. 어떤 예쁜 그릇에 담겼는가가 아니라 얼마나 안전한 용기에 담겼느냐가 중요한 거지요. 플라스틱 용기에서 환경 호르몬이라는 건강에 해로운 물질이 나올 수도 있기 때문이에요.

　환경 호르몬은 '내분비 교란 물질'로도 불리는데 몸 안으로 들어가면 우리 몸을 조절하는 호르몬과 비슷한 작용을 해요. 그래서 우리 몸은 혼란에 빠지게 되지요. 환경 호르몬은 아기를 낳을 수 있는 기능을 떨어뜨리거나 기형, 성장 장애, 암 등을 일으킬 수 있는 물질로 추정되고 있어요. 자동차 매연, 담배 연기, 화장품, 장난감, 페인트, 물건을 산 뒤 받는 영수증은 물론 자연계의 식물이나 동물의 몸속에도 환경 호르몬이 있다고 하니 정말 무섭지요?

　특히 우리가 먹는 음식을 담는 그릇에서 환경 호르몬이 나온다면 치명적일 수 있기 때문에 조심해야 해요. 폴리카보네이트(PC)나 염화비닐(PVC) 소재에서는 환경 호르몬이 나올 수 있어서 특히 주의해야 해요. 음식을 담는 플라스틱 용기나 음식과 닿는 포장용 랩을 사용할 때는 환경 호르몬이 나오지 않는 폴리에틸렌(PE)이나 폴리프로필렌(PP)으로 선택해야 해요. 아울러 컵라면의 용기로 쓰이는 스티로폼의 성분도 환경 호르몬으로 의심받고 있어요. 컵라면을 먹을 때는 용기가 폴리에틸렌 재질인지 확인하는 습관을 갖도록 해요.

플라스틱 식기는 환경 호르몬을 조심해야 해요.
환경 호르몬이 나오지 않는 폴리에틸렌이나
폴리프로필렌 재질인지 확인하세요.

5장 골라 먹어요, 음식 · 147

냠냠쩝쩝 음식 이야기

세계 10대 불량 식품과 건강 식품

몸에 좋은 음식은 무엇이며, 나쁜 음식은 무엇일까요? 세계보건기구(WHO)와 미국 시사 잡지 《타임지》가 정한 10대 불량 식품과 건강 식품을 살펴보며, 내 몸을 위하여 어떤 음식을 가려 먹어야 할지 생각해 보아요.

불량식품

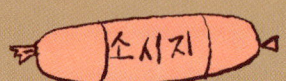  

햄이나 소시지 같은 가공 고기
발암 물질인 아질산염과 방부제가 들어 있으며 간에 부담을 줘요.

기름에 튀긴 식품
심혈관 질병을 일으키며, 비타민을 파괴하고 단백질을 변질시켜요.

설탕에 절인 과일 식품
당도가 매우 높고, 방부제와 향료가 많이 들어 있어요.

과자류
식용 향료와 색소가 간에 부담을 주며, 열량만 높고 영양은 부족해요.

소금에 절인 식품
많이 섭취하면 신장에 부담을 주며, 점막이 쉽게 헐거나 염증이 생겨요.

통조림류
열량은 매우 높지만 기타 영양 성분이 낮으며, 비타민이 파괴되어 있어요.

인스턴트 식품
염분이 매우 높고 식품 첨가물이 간에 부담을 줘요. 영양 성분이 부족해요.

숯불구이류 식품
불에 구운 닭다리 한 개는 담배 60개비의 독성과 같아요.

사이다 콜라 등 탄산음료
당도가 매우 높으며, 인산과 탄산이 몸속의 철분과 칼슘을 배출시켜요.

냉동 간식류 식품
쉽게 비만해질 수 있고, 당도도 너무 높아 식사에 영향을 줘요.

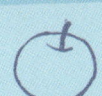

건강식품

토마토
리코펜이 암 발생 위험을 줄이며, 비타민 C가 풍부하고 열량이 낮아요.

시금치
칼슘과 철분이 풍부해 성장기 어린이의 발육과 영양에 좋아요.

마늘
다양한 질병을 일으키는 미생물에 대한 항균 효과가 있어요.

견과류
리놀렌산이 동맥 경화를 일으키는 나쁜 콜레스테롤을 낮춰 줘요.

적포도주
포도 껍질의 자주색 색소가 항암 작용을 하고 동맥 경화를 예방해요.

녹차
폴리페놀 성분이 발암 물질의 활성을 억제해 주어요.

연어(고등어)
오메가-3 지방산이 콜레스테롤을 낮추고 동맥 경화증을 예방해요.

블루베리
보라색을 내는 안토시아닌 색소가 동맥 경화를 예방해요.

브로콜리(양배추)
암 발생 억제 효과가 있으며, 섬유질, 비타민 C, 베타카로틴도 풍부해요.

귀리(보리)
식이 섬유소가 콜레스테롤을 낮추고, 포만감을 주어 과식을 막아요.

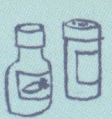

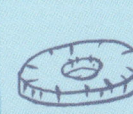

사진 출처

(사)한국영양학회, 연합뉴스, 현수랑, Flickr(egg™, Leigh Harries, mrbichel, Soboro), Wikimedia Commons(aes256, Andrew Comings, Asfreeas, ayustety, Batholith, Bill Ebbesen, Billy Hathorn, Brett Eloff, BrokenSphere, ChildofMidnight ,Civa61, Claus Ableiter, Colin, CostaPPPR, Daderot, dalgial, Daniel Case, David Monniaux, Dezidor, Dubravko Sorić, Eric Erbe, Evan-Amos, Fanghong, Féron Benjamin, Fir0002, FoeNyx, Fritzs, FxJ, Geoff, Goldblattster, Guido Radig, Hans B., Heart Attack Grill, Henry Mühlpfordt, hutch, Janice Carr, Jeff Kubina, Jérôme SAUTRET, JJ Harrison, Joe Ravi, karendotcom127, Kok Leng Yeo, Laitr Keiows, Leoadec, Lindsay Eyink, Luc Viatour, Ludek, Lynn Betts, Man vyi, Marlith, Maša Sinreih in Valentina Vivod, Miansari66, Michel Chauvet, Mschel, National Institutes of Health, niceness, Nicole Cho, Onderwijsgek, peganum, Peggy Greb, ProjectManhattan, Rama, Renee Comet, Rennett Stowe, Rick Heath, Roger Culos, Rüdiger Wölk, Rufino Uribe, Sakurai Midori, Sanjay Acharya, Schnee, Schwäbin, Silar, star5112, Starliner, Sun Ladder, Thomas Bjørkan, Vladimir Kosolapov, Wen95, WiseMan42, ZooFari, 570cjk)

- 이 책에 실린 사진은 저작권자의 허락을 받아 게재한 것입니다.
- 저작권자를 찾지 못해 게재 허락을 받지 못한 일부 사진은 저작권자가 확인되는 대로 게재 허락을 받고 통상 기준에 따라 사용료를 지불하겠습니다.

찾아보기

1일 영양 섭취 기준 · 56
3·3·3법(양치질) · 100
6단계 손 씻기 · 99
GMO · 144
HACCP · 141

ㄱ
가공 우유 · 138
가공식품 · 86
간 · 18
감미료 · 122
거식증 · 70
고열량 · 55
기생충 · 143
기초대사량 · 57
김치 · 82

ㄴ
나트륨 · 112, 133
내분비 교란 물질 · 146

ㄷ
다당류 · 28
단당류 · 28
단백질 · 32, 34
대량 무기질 · 46
대식증 · 70
대장균 · 19

ㄹ
라면 · 132
라이코펜 · 92
라이페이스 · 20
락테이스 · 20
로컬 푸드 · 96

ㅁ
말테이스 · 20
맛 · 16
맛봉오리 · 16
맥아당 · 28
모세혈관 · 21
무기질 · 44, 46
무농약 농산물 · 88
무항생제 축산물 · 89
물 · 48
미각 세포 · 16
미각 신경 · 16
미네랄 · 45
미량 무기질 · 47
미뢰 · 16
미세 융모 · 21

ㅂ
발색제 · 123
발암 물질 · 78
발효 · 80
변비 · 30
보존료 · 122
부패 · 80
분자 요리 · 108
불포화 지방 · 39

비만 · 64, 66
비타민 · 40, 42
비필수 아미노산 · 34

ㅅ
사탕수수 · 119
산도 조절제 · 123
산미료 · 122
산화방지제 · 122
살모넬라 균 · 84
설탕 · 28, 116, 118
세계 10대 건강 식품 · 149
세계 10대 불량 식품 · 148
세계식량계획 · 107
소화 기관 · 18
소화 흡수 · 20
수용성 비타민 · 42
수크레이스 · 20
스마일 마크 · 141
슬로푸드 · 131
식도 · 18
식사 예절 · 102
식사 장애 · 70
식이 섬유소 · 30
식중독 · 84
식품 구성 자전거 · 58
식품 첨가물 · 120, 122
신경성 대식증 · 70
신경성 식욕 부진증 · 70
신체 질량 지수 · 64
실험실 고기 · 109

쓸개 · 18

ㅇ
아미노산 · 22
아밀레이스 · 18, 20
안토시아닌 · 92
알레르기 · 142
암죽관 · 21
어린이 기호 식품 우수 판매 업소 · 140
어린이 식생활 지침 · 62
열량 · 54
엽록소 · 92
영양 강화제 · 123
영양 성분 표시 · 126
영양소 · 26
오리 농법 · 89
오스트랄로피테쿠스 · 24
온실 가스 · 90
요리 · 76
우유 · 138
우주 식품 · 83
원산지 · 96
위 · 18
유기 농산물 · 88
유기 축산물 · 89
유전자 재조합 식품 · 144
융털 · 21
이당류 · 28
이자 · 18
인공 감미료 · 118
인스턴트 식품 · 86
입 · 18

ㅈ
작은창자 · 18
장샘 · 20
저농약 농산물 · 88
저열량 · 55
전자레인지 · 79
정크푸드 · 128
제철 음식 · 94
증점제 · 123
지방 · 22, 36, 38
지용성 비타민 · 42
질소 · 22

ㅊ
착색료 · 122
착향료 · 122
채식 · 90
천연 트랜스 지방 · 115
충수 · 85
친환경 농축산물 · 88
침샘 · 18

ㅋ
카로티노이드 · 92
칼로리 · 54
컬러푸드 · 92
콜레스테롤 · 31, 39
콩고기 · 35
큰창자 · 18

ㅌ
타르 색소 · 125

탄산음료 · 134
탄소 발자국 · 97
탄수화물 · 28, 30
트랜스 지방 · 114
트립신 · 20

ㅍ
패스트푸드 · 130
팽창제 · 123
펩신 · 20
펩티데이스 · 20
편식 · 68
포도당 · 22
포화 지방 · 39
폭식 장애 · 70
표백제 · 123
표준 성장 도표 · 64
푸드 마일리지 · 97
푸드 뱅크 · 106
플라보노이드 · 92
필수 아미노산 · 34
필수 지방산 · 38

ㅎ
합성 감미료 · 118
항문 · 18
향미 증진제 · 123
호모 에렉투스 · 24
호모 하빌리스 · 24
환경 호르몬 · 146
황색포도상구균 · 98